당신을 위한

팀 켈러의 90일 성경공부

90Days in Galatians, Judges & Romans

© The Good Book Company, 2017

Originally published individually in English under the two titles, *90 Days in Judges, Galatians, Ephesians*, and, *90 Days in John 14-17, Romans, James*, by The Good Book Company, Blenheim House, 1 Blenheim Road, Epsom, KT19 9AP, UK

All rights reserved.

Korean translation edition © 2020 by Duranno Ministry
38, Seobinggo-ro 65-gil, Yongsan-gu, Seoul, Republic of Korea

This Korean combined translation edition published by arrangement with The Good Book Company.

당신을 위한
팀 켈러의 90일 성경공부

지은이 | 팀 켈러
옮긴이 | 김주성
초판 발행 | 2020. 1. 15
8쇄 발행 | 2024. 5. 22
등록번호 | 제1988-000080호
등록된 곳 | 서울특별시 용산구 서빙고로65길 38
발행처 | 사단법인 두란노서원
영업부 | 02)2078-3333 FAX | 080-749-3705
출판부 | 02)2078-3330

책값은 뒤표지에 있습니다.
ISBN 978-89-531-3664-9 03230

독자의 의견을 기다립니다.
tpress@duranno.com   www.duranno.com

두란노서원은 바울 사도가 3차 전도 여행 때 에베소에서 성령 받은 제자들을 따로 세워 하나님의 말씀으로 양육
하던 장소입니다. 사도행전 19장 8-20절의 정신에 따라 첫째 목회자를 돕는 사역과 평신도를 훈련시키는 사역,
둘째 세계선교™와 문서선교단행본·잡지 사역, 셋째 예수문화 및 경배와 찬양 사역, 그리고 가정·상담 사역 등을 감
당하고 있습니다. 1980년 12월 22일에 창립된 두란노서원은 주님 오실 때까지 이 사역들을 계속할 것입니다.

당신을 위한

팀 켈러의
90일 성경공부

팀 켈러 지음 | 김주성 옮김

두란노

여호와의 말씀은 순결함이여
흙 도가니에 일곱 번 단련한 은 같도다

(시 12:6)

contents

이 책의 활용법

하나님과 더 친밀하기 위해
90일 여정에 오르는
이들을 위하여

이 책의 궁극적인 목표는 책 자체에 있지 않다. 위대한 보물로 가득한 성경을 좀 더 잘 이해하여 자신의 것으로 만들기 위한 수단일 뿐이다. 영광스럽고 놀라운 성경의 가치를 온전히 누릴 수 있을 때 이 책은 더 가치가 있다.

이 세상은 오류와 거짓이 난무하고 혼란으로 가득하다. 그러나 하나님 말씀은 오류나 거짓이 없다. 하나님께서는 실수로 혹은 의도적으로 진리를 어둡게 하지 않으신다. 우리는 그저 성경을 펴놓고, 읽고, 묵상하고, 연구해야 한다. 그때 어두운 세상을 밝혀 우리가 가야 할 길을 보여 줄 것이다. 성경과 함께 이 책을 펴놓으라. 성경 본문을 읽고 난 후 곰곰이 생각하게 하는 질문들이 준비되어 있다. 말씀과 함께 질문을 살펴봄으로 써 하나님의 뜻을 더 잘 알아가게 도와줄 것이다. 하루에 30분이면 충분하다. 매일 빠짐 없이 실행하는 것이 가장 좋겠지만, 자신에게 가장 잘 맞는 지속 가능한 패턴을 찾아 공부해 보는 것이 중요하다.

이 책은 성경 66권 중 '갈라디아서', '로마서', '사사기'로 구성되어 있다. 총 90일 동안 이 책들의 모든 구절을 낱낱이 살펴볼 생각이다. 성경을 읽고 이 책을 공부하는 것만으로도 익숙하지 않은 보물과 같은 새로운 구절들을 발견하게 될 것이고, 새로운 감동을 불러일으킬 것이다. 성경을 기억하고 반응하는 각자만의 방법이 있겠지만, 당신이 시도해보면 좋을 몇 가지를 제안하겠다.

성경공부 전에 본문을 읽고 기록할 것

하이라이트: 하나님에 대해 가장 인상적이었던 진리

의문: 읽은 내용에 대한 질문들(최선을 다해 대답해 보라)

변화: 성령께서 태도나 행동에 어떤 변화를 요구하시는지 적어 보기

공부한 후에 기록할 것

한 문장: 하나님께서 나에게 말씀하신 것을 한 문장으로 요약

짧은 기도: 내게 주신 은혜에 반응하는 짧은 기도

90일 동안 이 책을 보며 하나님의 음성에 귀 기울이는 시간이 되길 바란다. 말씀으로 기뻐하고 변화되고 도전과 위로를 경험하라. 말씀을 통해 주시는 축복을 누리길 바란다. 주님의 말씀에 비길 수 있는 것은 아무것도 없음을 명심하며 책을 펴라.

※ 일러두기
이 교재는 《당신을 위한 갈라디아서》, 《당신을 위한 사사기》, 《당신을 위한 로마서 1, 2》와 함께하면 유익할 것이다.

90 days in Galatians, Judges & Romans

Part 1

갈라디아서와
함께 걷는 22일

(Day 1- Day 22)

Galatians

Day 1

복음의 진리

갈라디아서 1장 1-5절

바울은 세계 여러 곳에 교회를 개척했으며 이것을 사명으로 여겼다. 그는 한 교회를 개
척하고 떠난 후에도 편지를 보내 그들의 사역을 도왔다. 그중 하나가 오늘날 터키 지역
에 있는 교회들을 위해 쓴 갈라디아서이다. 그 연대는 그리스도의 죽음 후 불과 15-20년
후였다.

바울과 그의 역할
갈라디아서 1장 1-2절을 읽으라.

　1. 바울은 자신을 어떻게 표현했는가?(1절)

　2. 이 편지를 받는 이는 누구이며(2절), 본문은 사도에 대해 무엇이라고 설명하는가?(2절)

바울과 그의 메시지
갈라디아서 1장 3-5절을 읽으라.

1-5절에서 바울은 복음의 개요를 제시한다. 그것은 예수
님에 대한 것이다.

3. 하나님의 "사도"(메신저라는 의미)인 바울은 예수님에 대
   해 무엇을 말하는가?
   • 1절:

   • 3절:

   • 4절:

4. 갈라디아서 전체는 복음으로 채워져 있다. 이것이
   그리스도인들을 향하여 쓴 편지라는 점이 놀라운 이
   유는 무엇인가?

이 편지의 역사적 배경에 대한 사실이 쉽게 간과된다. 갈
라디아서에서 바울은 복음이 무엇이고 어떻게 역사하는지
자세히 설명한다. 놀랍게도 바울이 복음의 개요를 제시하
는 대상은 그리스도인들이다.
그리스도인도 비그리스도인만큼 복음이 필요하다. 그리

스도인의 삶의 문제는 종종 복음을 잃어버리거나 잊어버리기 때문에 생긴다. 복음을 더 깊이 이해하고 적용할 때 믿음은 진보한다.

◇ 적용

5. 종종 그리스도인들은 '복음'이 비그리스도인을 위한 것이라고 생각한다.
   복음이 나를 위한 것이라는 생각을 했던 적은 언제인가?

6. 복음이 태도나 행동에 변화를 주었다면 무엇인가?

7. 어린아이가 기독교의 복음에 대하여 당신에게 묻는 것을 상상해 보라.
   복음의 개요를 어떻게 말해 주겠는가?

기도

복음으로 인해 하나님께 감사하고, 복음을 넘어서는 더 "진보된" 교리로 나아가야 한다고 생각하지 않게 해 달라고 간구하라. 삶의 어느 부분이 복음으로 인하여 변화되어야 하는지 보여 달라고 간구하라.

Galatians

새 복음은
복음이 아니다

갈라디아서 1장 6-9절

바울은 갈라디아교회에 대한 소식을 듣고 마음이 매우 괴로웠다. 그는 자신의 감정을 숨기지 않았다. 앞서 우리는 예수님에 대한 바울 복음을 보았다. 이제 당신의 친구에게 복음을 어떻게 설명할 수 있을지 고민해 보자.

다른 종류의 인사
고린도전서 1장 3-4절, 에베소서 1장 3절, 빌립보서 1장 3-4절, 골로새서 1장 4절을 읽은 후, 갈라디아서 1장 6절을 읽으라.

바울은 대부분의 편지에서 사람들에게 인사한 후 감사를 표하고 사람들의 삶을 격려한다.

1. 갈라디아서 1장 6절이 충격적이라면 이유는 무엇인가?

복음을 바꿈

갈라디아서 1장 6-9절을 읽으라.

2. 바울이 말하는 '복음'과 '다른 복음'은 어떤 차이점을 가지고 있는가?(6-7절)

바울 시대 갈라디아 지역의 일부 성경 교사들은 이방인(비유대인) 그리스도인들도 유대인의 음식법을 다 지키고 할례를 받아야만 하나님이 온전히 받으시고 기뻐하신다고 가르쳤다. 그들은 하나님이 온전히 받으시려면 그리스도를 믿는 것 이외에 추가로 다른 것이 있어야 한다고 주장하였다. 그들은 하나님과 관계하는 방법에 대해 바울이 말한 것(8절)과 완전히 다른 방법(6절)을 제시했다.

바울은 그들의 "다른 복음"에 강력하고 단호하게 대처했다. 왜냐하면 진짜 복음을 놓치면 그리스도를 잃기 때문이다. 이 논쟁에 모든 것이 달려 있다!

3. 오늘날 사람들은 어떤 식으로 복음에 '다른 복음'을 더하여 복음의 능력을 훼손시키는가?

다음의 예들이 있다.

- 선을 행하면 구원에 이른다.
- 그리스도인이 되려면 어떤 의식을 수행하거나, 어떤 복장을 하거나, 특정한 행동을 해야 한다.
- 구원받으려면 예수님에 대한 사랑을 뜨거운 감정으로 느껴야 한다.

4. 복음을 왜곡하는 자들에 대한 바울의 태도는 어떠한
   가?(8-9절)

바울의 복음은 참된 복음이다(왜 그런지 앞으로 살펴볼 것이다. 따
라서 바울의 복음과 다른 어떤 복음을 듣는다면, 그것은 잘못된 것이다!(9절)

5. 바울이 갈라디아서를 썼을 때 마음 상태는 어땠는
   가? 무엇이 원인이었는가? 응당 그럴만했는가?

기도

당신에게 참된 복음을 가르쳐 준 사람들에 대해 하나님께 감사하라.
바울처럼 복음의 진리를 소중히 여기게 해 달라고 간구하라. 무엇
보다 "복음"과 "다른 복음"을 구별하는 지혜를 달라고 간구하라.

Galatians

어떻게 바울이
복음을 받았는가

갈라디아서 1장 10-12절

바울의 복음에 도전하는 "다른 복음"(7절)을 갈라디아 교인들에게 가져온 사람들은 바울의 인격이나 신뢰성에 흠집을 내려 했다. 이제 바울은 그들을 향해 자기변호를 한다.

복음의 원천
갈라디아서 1장 10-12절을 읽으라.

1. 11절에서 바울은 복음에 관한 어떤 도전에 대답하고 있는가?

2. 왜 그런 공격이 바울의 복음이 '참된 복음'이라는 주장에 흠을 내는가?

3. 바울은 복음을 어떻게 받았는가?(12절)

바울은 우리의 삶과 미래를 복음에 온전히 맡기라고 권면한다.

바울의 회심
사도행전 9장 1-9절을 읽으라.

사울(바울의 회심 이전 이름)은 그리스도인들을 체포하려고 다메섹으로 가던 도중에 도리어 그리스도께 사로잡히게 되었다. 바울의 회심은 예수님 앞에서 그 어떤 사람도 구제불능이 아니라고 일깨워 준다. 주께서 박해자를 복음의 전파자로 바꾸실 수 있다면, 그 누구라도 믿음으로 이끄실 수 있다.

4. 당신은 어떤 사람이 절대로 그리스도인이 될 수 없다고 생각하는가?

바울을 떠올리며 그들을 위해 지금 기도하라.

바울의 대답
"어떤 사람들"(7절)은 바울이 예루살렘의 "본부"에서 복음 메시지를 받았을 것이라고 주장하며 이렇게 말하였다. "우리도 거기서 훈련받았어. 바울이 한 이야기가 전부가 아니

19

야. 복음에는 바울이 말한 것보다 뭔가 더 있어."

그러나 사실 바울은 예루살렘 본부에 가기 전에 이미 3년 동안 하나님이 초자연적으로 주신 복음을 전파했다!(15-20절 참조)

복음으로 인한 변화

5. 갈라디아서 1장 10절에서 보여지는 복음으로 변화된 삶의 결과는 어떠한가?

6. 바울은 누구로부터 인정받기를 원했는가?(10절)

하나님이 인정해 주신다면, 사람들이 인정해 주지 않아도 실망할 필요가 없다. 갈라디아서는 우리가 하나님의 완전한 은총과 인정을 그리스도를 통해 이미 받고 있다고 말한다.

◇ 적용

10절 말씀은 많은 사람들에게 부담을 줄 수도 있다. 우리는 그리스도인답게 살면서도 사람들의 인정을 구할 때가 많기 때문이다. 그러나 바울은 둘 중 하나(복음과 세상)를 선택해야만 하는 때가 많다고 분명히 말한다. 당신은 삶의 어떤 면에서 그리스도보다 사람들의 인정을 받고 싶어 하는지 생각해 보라. 당신이 그런 영역에서 그리스도를 섬기려면 무엇이 변화되어야 할지 고민해 보고 변화를 위해 노력하라.

Galatians

하나님의 복음으로
변화됨

갈라디아서 1장 13-24절

흔히 갈라디아서 1장 10절에서 2장 21절을 이 편지의 자서전 부분이라고 한다. 여기서 바울은 자신의 회심 및 그리스도인이 된 후 초기의 삶에 대해 말한다. 그것은 단지 간증으로 감동을 주려는 것이 아니라, 바울의 복음 메시지가 신뢰성이 있다고 변호하려는 것이다.

전, 중간, 후
갈라디아서 1장 13-24절을 읽으라.

바울은 어떻게 그리스도를 믿게 되었는지 이야기하면서 복음이 무엇인지에 대해 복음의 여러 측면들에 대하여 예화를 들어 설명한다.

1. 복음에 관해
   * 우리가 복음을 이해할 수 있게 하는 것은 누구인가?(15-16절)

- 복음은 무엇에 대한 것인가?(16절)

- 복음은 누구를 위한 것인가?(16절)

2. 바울은 회심 전에도 하나님의 은혜가 그의 삶에 역사했다는 것을 어떻게 말하는가?

3. 바울의 회심 전과 후로 하나님께서 바울을 어떻게 준비시키셨는가?

⊘ 적용

당신의 과거를 돌아보라. 하나님께서 당신의 삶에 어떻게 역사하셨는지 적어 보라.

- 태어나기 전부터:

- 회심 전부터:

- 그리스도인이 된 이후:

보이게, 보이지 않게 하나님이 당신의 삶에 역사하신 모든 것에 대해 지금 하나님께 감사하라.

그리스도인들이 했던 생각

11-12절에서 바울은 그의 복음이 만들어진 것이 아니고, 사람이 준 것도 아니라고 말한다. 바울은 그가 전하는 복음이 예수님으로부터 온 것이라고 강력하게 말한다.

4. 바울은 그 점을 어떻게 강조하는가?

- 18-19절에서:

- 21-22절에서:

5. 23-24절을 다시 읽으라. 복음으로 변화된 삶의 결과는 무엇인가?

6. 교회들은 바울이 회심하고 사역한다는 소식에 어떻게 반응했는가?

바울이 하나님이 계시해 주신 복음을 전하기 전에 사도들과 교회들을 만난 적은 없었다. 그들이 바울에게 복음을 가르치지 않았고 바울이 전하는 복음을 바꾸려고 하지도 않았다. 바울은 자신이 전하는 복음이 하나님이 주신 것이며(다른 성경 교사들이 갈라디아에 퍼뜨리는 "복음"과 다르며) 복음 중심적인 사도들의 교회들이 그것을 인정하고 그로 인해 하나님을 찬양한다는 사실을 역설한다.

바울이 자신의 회심과 복음에 대해 얘기하면서 하나님께 모든 찬양을 돌리는 것에 주목하라(24절).

⊘ 적용

다음 사항이 필요한 이유를 설명하라.

- 왜 우리의 복음 이야기를 사람들과 나누어야 하는가?

- 어떤 방식으로 나눌 수 있는가?

당신의 복음 이야기를 전해 주어야 할 사람을 떠올려 보라. 복음 전하기를 주저하지 말라. 어떤 방식을 사용할지 지혜를 구하라. 그리고 용기내어 실천하라.

Galatians

Day 5

자유의
복음?

갈라디아서 2장 1-5절

바울은 14년 동안 (그 당시 알려진) 온 세상에 복음을 전했다. 그 후 예루살렘에 가서 예수님의 지상 사역에 함께했던 사람들을 만나고자 했다. 그들은 서로 잘 통할 것인가? 그들이 전하는 복음은 동일한 것일까?

바울은 왜 갔는가
갈라디아서 2장 1-5절을 읽으라.

1. 1절에서 바울은 예루살렘에 있다. 바울은 누구와 함께 갔는가?

2. 바울은 누구를 보기 원했는가?(2절)

25

그러나 바울은 복음을 전해도 된다는 인간의 승인이 필요하지 않았다!(1:12)

3. 그렇다면 왜 바울은 "내가 … 전파하는 복음"을 그 사람들에게 알리고자 했는 가?(2:2)

4. 바울이 예루살렘에 방문한 이유는 무엇인가?(4절)

이미 "그리스도 예수 안에서 우리가 가진 자유"가 있으므로, 우리는 하나님께 순종해야 만 하나님과 자신 그리고 다른 사람들에게 온전히 받아들여질 수 있다는 생각으로부터 자유로울 수 있다. 이 자유 안에서 우리는 말할 수 있다. 우리는 스스로 생각했던 것보다 훨씬 더 악하지만, 바랐던 것 이상으로 그리스도 안에서 사랑받고 받아들여졌다.

그러나 이 "거짓 형제들"은, 바울과 반대로, 이방인이 그리스도를 믿더라도 할례를 받 아야만 하나님께 온전히 받아들여진다고 가르쳤다. 이 소식을 들은 바울은 마음이 급했 다. 한시라도 빨리 예루살렘의 리더들도 바울과 같은 자유의 복음을 가르치는지 확인해 야만 했다.

이 논쟁에 있어서는 할례가 중요했다. 할례는 구약의 "의식법"이라 불리는 것의 일부인 데, 의식법은 사람을 의식적으로 "정결하게" 하는 음식, 복장 등에 대한 자세한 규정이다.

거짓 형제들은 이방인 전체가 늘 "부정하여" 하나님 앞에 오기에 부적합하므로 할례를 받고 일상생활에 대한 "모세의 율법" 전체를 따라야 한다고 주장했다.

바울이 발견한 사실
5. 디도의 국적은 무엇인가?(3절)

디도는 유대인이 아니었다!

6. 예루살렘의 교계 리더들이 디도에게 유대인의 징표
   인 할례를 받으라고 요구하지 않은 것이 왜 의미심
   장한가?

7. 디도가 할례를 받아야 했다고 상상해 보라. 만일 그
   랬다면 바울이 전파했던 "복음의 진리"(5절)를 어떻
   게 잃게 되었을까?

◇ 적용

하나님이 바울 시대에 행하신 일들이 왜 오늘날의 우리에
게 중요한지 생각해 보라. 다른 종교는 "스스로의 노력으
로 구원을 얻으라"고 하여 우리에게 자유를 주지 못한다.
그에 반해 복음의 자유를 온전히 누리는 하루가 되길 바라
며 말씀을 다시 읽으라.

기도

"그리스도 안에서 우리가 가진 자유"를 손상시키는 어떤 사람, 혹은
어떤 것으로부터 보호해 달라고 간구하라.

Day 6

연합된
교회

갈라디아서 2장 6-10절

디도가 할례를 받지 않았지만(2:3) 그리스도인으로 받아들여진 사건이 오늘을 사는 우리에게는 당연해 보인다. 그러나 초대교회에는 엄청나게 의미심장한 일이었다. 그것은 복음이 행위가 아니라 그리스도를 믿는 믿음에 있다는 것을 확증해 주었기 때문이다.

　이제 중요한 사안은 바울이 예루살렘의 리더들과 어떻게 사이좋게 동역할 것인가이다. 그들은 서로 잘 지낼 수 있을까?

연합을 이룸
갈라디아서 2장 6-10절을 읽으라.

　1. 바울은 교회 리더들을 만나며 무엇을 기억했는가?(6절)

2. 교회 리더들은 바울과 그의 사역에 대해 무엇을 깨달았는가?(6-8절)

7-10절에서 교회사 속의 중대한 순간을 엿볼 수 있다. 복음 전파자들 간에 연합이 이루어지고 있다.

3. 여기서 연합이 어떻게 표현되는가?

본문의 연합은 다른 것을 희생시켜서 얻는 연합이 아니었다. 복음의 진리를 중심으로 한 연합이다. 연합은 소중하지만, 진리를 희생시킨 대가로 얻을 수 없다. 바울은 예수님을 믿어 자유를 얻는 복음이 아니라 행위의 종이 되는 복음을 전하는 자들과 연합하지 못했지만, 그것을 기꺼이 받아들였다(5절).

4. 교회가 연합을 이루려고 진리를 타협했던 사례가 있는가?

5. 교회가 큰 진리에 동의했지만 다른 사소한 쟁점들로 인해 분열되었던 적이 있는가?

복음 전파의 계획 수립

바울이 이방인 선교를 계속하는 동안 예루살렘 교회는 복음을 유대인들에게 전하는 데 초점을 맞춰야 한다고 의견을 모았다(9절).

6. 예루살렘 교회의 리더들은 바울에게 무엇을 요청했는가?(10절)

7. 유대인들의 교회들은 바울이 이방인 지역에 세우는 교회들보다 훨씬 더 가난했다. 그 이방인 교회들이 가난한 사람들을 기억하는 것이 특히 중요했던 이유는 무엇이라고 생각하는가?

그리스도인의 참된 연합의 징표는 교회들이 구체적, 실제적으로 서로 지원하는 것에 있다.

◎ 적용

당신의 성향은 불필요한 분열을 일으키는 것, 혹은 불가능한 연합을 이루려 하는 것, 둘 중의 어느 쪽인지 생각해 보라. 그리고 연합이나 분열보다 복음의 진리를 중시하라. 9-10절에서 교계 리더들의 두 가지 우선순위는 무엇이었는가? 당신의 삶으로 그 중요성을 보여 주고 있는지 점검해 보라.

기도

하나님이 다른 성격의 사람들을 구원하셔서 다양한 임무와 소명을 주시는 것에 감사하라. 하나님의 백성이 복음의 진리로 연합시켜 달라고 간구하라.

믿음으로써
의롭다 함을 얻음

갈라디아서 2장 11-16절

바울과 베드로의 의견이 항상 일치했던 것은 아니다. 본문에서 정말로 심각한 의견 불일치가 일어난다. 그러나 그 기회에 바울은 자신의 복음을 "믿음으로써 의롭다 함을 얻음" 혹은 "이신칭의"(以信稱義)라고 요약하고, 그리스도인의 모든 생각과 삶이 이 진리에 일치해야 한다고 일깨웠다.

음식 문제
갈라디아서 2장 11-14절을 읽으라.

1. 왜 바울은 베드로를 책망했는가?(11절)

복음의 진리는 유명 인사라고 봐 주지 않는다! 그 전에 베드로는 이방인들과 함께 식사함으로써(12절) 이방인도 동등한 하나님의 백성이요 동료이며 이방인이 유대인의 음식법을 지킬 필요가 없다는 것을 몸소 보여 주었다.

사도행전 11장 1-18절을 읽으라.

2. 애초에 베드로는 왜 "이방인들과 함께 먹기" 시작했는가?

3. 그런데 왜 이방인들과 함께 먹기를 중단하게 되었는가?(갈 2:12)

4. 바울이 베드로가 "복음의 진리를 따라 바르게 행하지 아니"한다고 지적했는데 그 의미는 무엇이라고 생각하는가?(14절)

5. 왜 베드로는 특히 이방인 그리스도인들에게 위선적인 태도를 보였는가?(14절)

6. 베드로의 행동이 어떤 영향을 미쳤는가?(13절)

복음의 답
갈라디아서 2장 15-16절을 읽으라.

바울이 베드로의 행동이 단지 잘못이라고 말하지 않았다
는 점에 주목하라. 바울은 베드로의 행동이 "복음의 진리
를 따라 바르게 행"함인지, 아닌지에 초점을 맞춘다(14절).

> 7. 바울은 사람이 어떻게 "의롭게" 된다고 말하는가?(16
>   절) 의롭게 되는 방법이 아니라고 바울이 말하는 것
>   은 무엇인가?

베드로와 바울은 둘 다 할례 받은 유대인이고 평생 하나님
의 율법을 지키고자 했다. 그런 그들이지만 여전히 "그리
스도를 믿음으로써 의롭다 함을" 얻을 필요가 있었다는 사
실이 왜 의미심장한가?(16절)

사실 "의롭다 함을 얻음"(justification)은 하나의 단어이며 법
률 용어다. "의롭다 함을 얻음"의 반대는 "정죄받음"이다.
그리스도 안에서 우리는 비록 죄인이지만 정죄받지 않는
다. 우리의 죄에도 불구하고 하나님이 우리를 받아 주시기
때문이다.

따라서 의롭다 함을 얻음은 하나님이 과분한 은총을 베
푸셔서 죄인을 하나님과 올바른 관계에 두시는 것을 의미
한다. 하나님은 우리의 죄를 사하실 뿐 아니라, 우리를 하
나님의 순결하고 흠 없고 의로운 백성으로 여기신다.

누구든 그리스도를 믿음으로 이 모든 것을 가질 수 있다!

⊙ 적용

"믿음"으로 의롭다 함을 얻는 일이 복되고 기쁜 일임을 느낀 적이 있는지 돌아 보라. "율법"을 지키되 그리스도를 믿음으로 의롭게 됨을 기억하며 본문을 다시 읽으라. 그리스도를 믿겠다는 마음과 입술의 고백을 드리라.

복음으로 인한 변화

갈라디아서 2장 17-21절

믿음으로써 의롭다 하심을 받는다는 것을 알 때 무엇이 달라지는가? 본문에서 바울은 그것이 부정적 영향을 미친다는 반론에 대답하며, 하나님께서 우리를 그렇게 받아 주시면 오히려 놀라운 변화가 생긴다는 것을 보여 준다.

바울에 대한 반론
갈라디아서 2장 17-18절을 읽으라.

1. "그리스도 안에서 의롭게 되"는 사람들에게 분명히 나타나게 되는 것은 무엇인가?(17절)

2. 율법을 지켜서가 아니라 그리스도로 의로워졌다고 믿으면, 율법을 어기는 죄를 범하지는 않을까?

3. 바울이 한 투박한 대답은 무엇인가? (17절)

17절과 18절은 매우 어렵고 난해하다. 18절을 다음과 같이 생각할 수 있다. "만일 어떤 사람이 그리스도를 영접하고 나서도 같은 생활을 한다면, 복음을 핑계로 계속적으로 하나님께 불순종하고 자기 마음대로 살려고 하는 것이다." 그래서 우리는 율법으로 의롭다 함을 얻으려 하는 사람들이 왜 걱정하는지 알 수 있다. 그들은 율법 없이 의롭다 함을 얻는다면 율법을 지키며 하나님을 위해 살려는 동기가 사라질 것이라고 여긴다.

바울의 답변
갈라디아서 2장 19-20절을 읽으라.

4. 바울은 무엇에 대해 죽었다고 말하는가? (19절)

5. 이제 바울은 무엇을 할 수 있는가? (19절)

6. 율법에 순종하여 의롭다 함을 얻으려 했던 옛 바울은 어디에서 죽었는가? (20절)

바울은 율법에 순종하여 구원받고자 했을 때 정말로 하나님을 위해 살지 못했다고 말한다. 바울은 매우 도덕적이고 선한 사람이었지만, 그것은 모두 자신을 위한 것이었지, 하나님을 위한 것이 아니었다. 이제 바울은 의롭다 함을 얻고 하나님께 받아들여져서, 순종하려는 새로운 동기를 갖게 되었고, 그 동기는 훨씬 더 완전하고 강력했다. 바울은 오

로지 "나를 사랑하사 나를 위하여 자기 자신을 버리신" 분
을 위해 살기 원했다(20절).

따라서 바울의 답변은 예수님 안에서 하나님이 의롭다
하시면, 행위로 의롭다 함을 얻으려 할 때보다 하나님께
순종하려는 동기가 훨씬 더 새롭고 강력하다는 것이다.

생활방식
갈라디아서 2장 21절을 읽으라.

바울은 그리스도 안에서 하나님의 은혜로 구원받았다.

7. 그리스도인으로 살아갈 때 결코 하지 말아야 할 것
   은 무엇인가?

8. 만일 바울이 자기 공로로 의롭다 함을 얻으려 한다
   면, 그것이 십자가에 대해 무엇을 의미할 것인가?
   그렇게 생각한 이유는 무엇인가?

⊙ 적용
그리스도가 당신을 위해 모든 것을 다 해 주시든지, 아무
것도 안 해 주시든지, 둘 중 하나다. 당신의 공로와 하나님
의 은혜가 합쳐져서 구원받는 것이 아니다. 당신은 어느
쪽인가? 예수님의 죽음이 당신에게 모든 것인가, 아니면
아무것도 아닌가?
갈라디아서 2장 11-21절을 다시 보라. 어느 구절이 당신
에게 가장 특별한가? 그것을 암송하라.

Galatians

Day 9

어리석도다
갈라디아 사람들아

갈라디아서 3장 1-9절

바울은 갈라디아서 1장과 2장에서 자신을 변호한다. 즉 자신의 경험을 통하여 복음이 하나님으로부터 직접 온 계시라고 증명한다. 3장과 4장에서는 바울이 복음을 신학적으로 변호한다. 바울은 복음의 핵심 내용을 제시하고 나서 다양한 논증으로 변호한다.

복음과 갈라디아
갈라디아서 3장 1-5절을 읽으라.

바울은 우선 갈라디아 교인들이 어떻게 이교를 믿다가 그리스도께로 오게 되었는지 일깨운다.

   1. 그들이 본 것은 무엇인가?(1절)

2. 그들은 어떻게 반응했는가?(2절에서 바울이 어떤 대답을 원하는지 생각해 보라!)

3. 그들이 복음에 응답한 결과 받은 것은 무엇인가?(2절)

처음 시작과 달리 갈라디아 교인들은 어리석게도 그리스도인으로서 계속 살기 위해 다른 것이 필요하다고 생각하게 되었다.

4. . 그들은 "목표를 달성하려고" 무엇을 의지하기 시작했는가?(3절)

바울은 죄를 이기는 그리스도인의 삶을 살려고 노력하는 것은 행위로 말미암는 의에 다시 빠지기 쉽다고 주의를 준다. 우리는 "육체, 인간적 노력"을 의지하는 것이 아니라 "들은 것", 즉 복음을 의지하여 죄를 다루어야 한다.

그리스도인은 16세기의 종교개혁가 마르틴 루터가 매일 아침에 한 말을 되새기는 것으로 하루를 시작해야 한다. "하나님이 너를 받아들이셨다."

우리가 무엇을 하든, 하지 않든, 우리는 예수님을 통해 여전히 받아들여진다. 그리스도인의 삶은 십자가에 못 박히신 그리스도를 믿음으로 시작된다. 그리고 십자가에 못 박히신 그리스도를 믿음으로만 지속된다. 오늘날 교회는 이 중요한 사실을 잊었다!

복음과 아브라함
갈라디아서 3장 6-9절을 읽으라.

    5. 아브라함이 무엇을 "했는가?"(6절)

    6. 아브라함이 행위로 인해 하나님께 받은 것은 무엇인가?(6절)

창세기 15장 18-21절을 읽고 갈라디아서 3장 6절의 배경을 알라. 그것은 "믿음"이 무엇인지 우리에게 큰 깨달음을 준다. 믿음은 하나님의 약속을 신뢰하며, 우리가 할 수 없는 것을 하나님이 하실 수 있다고 믿는 것이다.

    7. 아브라함이 가진 구원의 믿음이 어떻게 우리에게 모범이 되는가?(갈 3:9)

⌄ 적용
성령님께 그리스도인으로서 진보하고 성장하게 해 달라고 간구하는가? 아니면 자신의 노력을 의지하는가? 당신이 살고 생각하고 기도할 때, 믿음으로 구원받은 것처럼 행동하는가, 아니면 행위로 구원받은 것처럼 행동하는가?

Day 10

율법의 저주,
믿음의 축복

갈라디아서 3장 10-14절

"나는 착한 사람이에요," "나는 교회에 다니고 성경대로 살아요," "하나님이 내 삶을 기뻐 하시므로 나는 하나님과 관계가 좋아요." 의식적으로든, 무의식적으로든 이렇게 생각하기 쉽다. 그러나 바울은 자신의 행위를 믿는 것의 문제점을 지적한다.

행위의 문제
갈라디아서 3장 10-12절을 읽으라.

1. 자신의 노력으로 하나님께 받아들여지려 하는 사람에 대해 바울이 뭐라고 말하는 가?(10절)

2. 율법을 의지하는 것은 믿음과 무슨 관련이 있는가?(12절)

3. 12절의 핵심 단어는 "행하다"이다. 율법을 완전하게 준수하면 그 사람이 한 일을 근거로 하나님이 받아 주신다는 의미이다. 그렇게 해서 의롭다 함을 얻으려는 것은 왜 실패할 수밖에 없는가?(10b절)

해결책

4. 10a절이 옳으므로, 어떻게 하나님이 우리를 불의하지 않고 의롭다고 여기실 수 있는가?

만일 내가 하나님의 율법에 불순종하면, 하나님의 저주 아래 있고, 지금과 영원히 하나님의 사랑의 임재가 없는 삶을 살아야 한다. 하나님은 저주를 거두지 않으실 것이고, 내가 무엇을 하더라도 그 저주를 없앨 수 없다.

갈라디아서 3장 13-14절을 읽으라.

5. 하나님이 어떻게 우리에게서 저주를 제거하셨는가?(13절)

6. 예수님이 단지 우리를 위해 저주를 받지 않으시고, 우리를 위해 저주가 되신 것(NIV)이 의미심장한 이유는 무엇인가?(13절)

그리스도는 죄인이 아니셨지만 십자가상에서 법적으로 죄인을 취급을 받으셨다. 마치 그분이 죄인이었던 것처럼 말이다. 예수님이 죄인인 내가 되셨고, 나는 예수님처럼 완전하고 흠 없게 되었다.

고린도후서 5장 21절, 로마서 3장 21-26절, 베드로전서 3장 18절을 읽으라.

7. 바울과 베드로가 쓴 이 성경 구절들이 갈라디아서 3장 13절의 깨달음에 얼마나 깊이를 더해 주는가?

결과

8. 예수님께서 우리를 사서 종살이에서 구하셔서, 혹은 "우리를 구속하셔서" 이루어진 위대한 성취는 무엇인가?(14절)

9. 그 성취들이 어떤 식으로 우리에게 임했다고 바울이 14절에서 일깨우는가?

기도

하나님 아버지, 제가 율법을 완전하게 지키지 못해서 저주 아래 있도록 내버려 두지 않으심에 감사합니다. 그리스도 예수께서 저 대신 저주를 받으시고, 저 대신 하나님의 벌을 받으시며 죽으셨음에 감사합니다. 제가 이를 믿을 때 하나님이 저를 받아 주시고 성령이 제 안에 거하게 해 주심에 감사합니다. 아버지, 저 같이 율법을 어긴 자를 위해 이 모든 것을 행해 주셔서 감사합니다. 아멘.

Day 11

그렇다면
율법의 의미는 무엇인가?

갈라디아서 3장 15-25절

그리스도인과 율법의 관계는 중요하고 반드시 필요한 질문이다. 믿음으로 의롭다 함을 얻는다는 파격적인 진리 앞에서 우리는 반문하게 된다. "그렇다면 왜 하나님이 율법을 주셨는가?" "오늘날 율법의 의미는 무엇인가?" 바울은 본문에서 그 까다로운 문제를 다룬다.

갈라디아서 3장 15-18절을 읽으라.

  1. 바울은 어떤 예를 들어 설명하는가?(15절)

한 번 법적 거래가 이루어지고(예: 계약) 확정되면(예: 서명) 고칠 수 없다.

  2. 바울은 어떤 구속력 있는 거래에 대해 말하는가?(16절)

이 모든 것이 "아브라함의 자손 혹은 씨"이신 "그리스도"로
인하여 성취된다. (16절)

　　3. 왜 아브라함에게 하신 약속을 모세의 율법으로 폐하
　　　거나 추가하지 못하는가?(17절) 18a절에 어떤 원칙이
　　　제시되는가? 구원이 약속과 율법 두 가지 다로 이루
　　　어질 수 있는가?

율법의 목적: 첫째
갈라디아서 3장 19-20절을 읽으라.

　　4. 19절의 질문은 무엇인가?

　　5. 그 질문에 대한 바울의 답은 무엇인가?(19절)

하나님이 모세를 통해 율법을 주신 한 가지 이유는 약속의
궁극적 성취자이시며 "씨"이신 예수 그리스도가 오실 때까
지 어떻게 살아야 하는지 보여 주시려는 것이었다.

율법의 목적이 아닌 것
갈라디아서 3장 21-22절을 읽으라.

하나님의 율법은 하나님과 올바른 관계를 형성하기 위해

하나님의 약속과 율법 중 무엇을 의지해야 할지 경쟁하기 위한 것이 아니다. 왜 그런가? 율법을 주신 의도는 율법으로 "생명을 주시려는" 것이 결코 아니었다. 하나님은 "죄의 포로"인 죄악된 세상에 율법을 주었다.

죄인은 하나님의 율법에 순종하지 못한다. 그런데 어떻게 율법이 의로워지는 한 방법일 수 있겠는가? 만일 율법을 지켜서 의로워질 수 있다고 생각한다면, 율법의 핵심을 완전히 놓친 것이다!

율법의 목적: 둘째
갈라디아서 3장 23-25절을 읽으라.

6. 바울은 율법이 어떻게 우리를 그리스도께로 인도한다고 설명하는가?

율법이 약속의 성취를 방해하는 것이 아니라 오히려 지원한다. 우리는 율법의 작용 덕분에 약속을 깨닫게 된다. 하나님의 기준을 알고 자신의 상태를 알면, 그 완전한 기준에 우리가 얼마나 미달하는지 알게 된다. 그러나 우리의 행위가 아닌, 그리스도가 하신 일을 믿음으로써 의롭다 함을 얻을 때 우리는 안심하게 된다.

기도
율법을 통해 매일 죄를 보여 주셔서 그리스도 안에서 가진 것을 더욱 소중히 여길 수 있게 해 주신 것에 감사하라.

Galatians

Day 12

아바
아버지

갈라디아서 3장 26절 - 4장 7절

율법과 복음은 단지 구속사, 즉 죄인들을 구원하시려는 하나님의 계획 속의 단계들인 것만 아니라, 한 개인이 하나님을 향해 나아가는 여정의 단계들이기도 하다.

갈라디아서 3장 26-29절을 읽으라.

　1. 모든 그리스도인은 무엇이 되었는가?(26절)

　2. 26-27절에서 의미하는 바가 무엇인가?

47

"그리스도로 옷 입"은 자신의 모습을 상상해 보라.

　3. 그 비유의 함축 의미는 무엇인가?

　4. 28절에서 바울이 무엇이라고 말하는가?

　5. 그것이 어떻게 26절로부터 흘러나오는가?

종과 유업을 이을 자의 차이
갈라디아서 4장 1-7절을 읽으라.

바울은 하나님의 사람들이 율법을 받고 나서 하나님이 아들을 보내시기 전에는(4절) 유업을 이을 자이지만 "종과 다름이 없었다"고 말한다. 하나님께서 그들에게 재산을 주겠다고 약속하셨지만, 그들이 아직 "어려서" 누리지 못했다. 재산이 장차 그들의 것이 되겠지만, 아직은 아니었다.

　모든 그리스도인도 마찬가지다. 모든 인간은 그리스도께로 오기 전에 영적 "종"으로서 기준에 도달하려 필사적으로 애썼다(3절). 복음을 통해 하나님이 우리를 그 "나이가 되게" 하셨다. 전적인 하나님 은혜로 우리가 온전히 아들이 되었고 하나님의 재산을 누리게 되었다.

　6. 하나님이 아들을 보내서서 성취하게 하신 두 가지는 무엇인가?(5절)

많은 사람들이 그중 첫 번째는 잘 기억하지만, 두 번째는 잘 잊어버린다. 만일 하나님이 우리 죄를 사하기만 하셨다면 (혹은 우리를 "속량"하기만 하셨다면), 우리는 하나님의 은총을 계속 받기 위하여 선한 삶을 살아야할 것이다.

그러나 그리스도가 우리가 받아 마땅한 저주만 제거하신 것이 아니다(물론 그것 하나만으로도 놀랍다). 그리스도는 또한 그분이 마땅히 받으셔야 할 축복인 "아들의 명분"(5절)을 우리에게 주셨다. 그래서 우리는 하나님 아버지의 용서뿐만이 아니라 지속적이고도 영원한 은총을 받는다.

아들로서의 삶

　　7. 바울이 6-7절에서 말하는 아들의 특권은 무엇인가?

　　8. 무엇을 위해 성령을 보내셨는가?(6-7절)

"아바"는 영어로 딱 맞는 단어가 없다. 가장 의미가 비슷한 단어가 "아빠"다. 그것은 "아버지"를 부르는 익숙하고 친밀한 단어다. 우리가 하나님을 "아빠"로 부른다는 사실을 지금 묵상해 보자.

⊘ 적용

창조자를 아빠라고 부르는 것이 오늘 나의 여러 면을 어떻게 달라지게 할지 적어 보라.

- 기도:

- 기쁨:

- 순종:

- 실패 혹은 실수 앞에서 보이는 반응:

Day 13

돌아가지
말라!

갈라디아서 4장 8-11절

갈라디아 교인들이 그리스도께로 돌아왔을 때, 그들은 다른 것을 떠났다. 그런데 이제 그들이 다시 되돌아가려 한다고 바울이 심각하게 우려하면서, 돌아가면 얼마나 큰 손해 인지 깨달으라고 한다.

그때와 이제
갈라디아서 4장 8-11절을 읽으라.

1. 바울은 갈라디아의 헬라인들이 복음을 듣기 전의 상태를 어떻게 묘사하는가?(8절)

2. 그때와 지금을 달라지게 한 것은 무엇인가?(9절)

3. 갈라디아 교인들은 어떤 종교로 돌아갈 위험에 있는가?(9절)

4. 그것이 행위로 인한 의(즉 우리의 행위가 우리를 하나님과 올바른 관계가 되게 한다고 생각하는 것)를 추구하지 않도록 어떻게 막아 주는가?

예레미야 2장 13절과 로마서 1장 25절을 읽으라.

5. 이 구절들은 바울이 갈라디아서 본문에서 말하는 바를 이해하는 데 어떻게 도움이 되는가?

성경의 규칙들, 가령 구약의 절기를 지키면(10절) 하나님과 올바른 관계가 된다고 생각하는 것은 성경율법주의이며, 오늘날 교회에 만연한다. 충격적이게도, 바울은 그렇게 생각하는 것이 우상숭배로 "돌아가"는(9절) 것이라고 말한다.

갈라디아 교인들은 율법을 지키는 것을 "구원자"로, 종교적인 것을 신으로 만들려 하고 있었다. 행위에 근거하는 의는 항상 우상을 만든다. 그럴 때 교회나 사역이 우상이 된다!

그때로 돌아가지 말라!
기억하라. 하나님은 그리스도 예수를 믿는 사람을 "하나님의 아들"(3:26)로 만드신다.

6. 우상숭배를 무엇에 비교하는가?(4:9 마지막)

7. 바울은 그들이 어떻게 될까봐 두려워했는가? (11절)

⊘ 적용

상담 전문가, 데이비드 폴리슨(David Powlison)은 내면의 우상을 드러내는 질문을 제시한다. 지금 자신에게 질문해 보라.

• 삶을 지탱해 주는 안정, 안전, 용납을 어디서 찾는가?

• [삶에서] 무엇을 원하고 기대하는가?

• 무엇이 나를 행복하게 하는가?

• 힘과 성공을 어디서 찾는가?

• 누구, 혹은 무엇이 나의 행동을 가장 지배하는가? 주님인가, 아니면 어떤 우상인가?

기도

예수님을 믿어서 하나님의 자녀가 되고 영생을 유업으로 받은 것에 감사하라. 삶의 어떤 부분에서 하나님의 자녀가 아니라 우상의 노예로 살고 있는지 (혹은 그렇게 살 위험성이 있는지) 보여 달라고 간구하라.

결과와
목적

갈라디아서 4장 12-20절

당신의 삶은 기쁨으로 가득한가? 매일, 매순간 행복하지는 않을 것이다. 그러나 삶의 멜로디의 기저에 기쁨의 곡조가 깔려 있는가? 우리는 모두 기뻐하고 싶어 하지만, 쉽지 않아 보인다. 본문의 교회는 기쁨을 잃었다.

계획이 바뀔 때 적절한 대응
갈라디아서 4장 12-16절을 읽으라.

1. 본문은 고난을 당하고 계획이 틀어질 때에 대해 무엇을 가르쳐 주는가? 당신의 삶에 그런 예가 있는가?

거짓 복음의 결과

2. 왜 바울은 갈라디아 교인들에게 갔는가?(13절)

3. 갈라디아 교인들은 바울에게 어떻게 반응했는가?(14절)

4. 갈라디아 교인들과 바울의 관계가 어떻게, 왜 바뀌었는가?(15-16절)

5. 바울은 갈라디아 교인들의 삶에서 무엇이 사라졌다고 느끼는가?(15절)

우리가 예수님과 그분의 십자가 죽음을 믿어서 하나님께 무조건적으로 사랑받는다는 것을 알면, 평화를 누릴 수 있다. 필요한 모든 것을 그리스도 안에서 가졌고 우리가 무엇을 해도 (혹은 무엇을 하지 않아도) 하나님의 은총을 잃지 않는다는 것을 알기 때문에 기쁘다.

영원한 미래는 자신이 아니라 주 예수님께 달려 있다. 오직 믿음으로 의롭다 함을 얻는다는 바울의 복음만이 과거에나 오늘날 우리에게도 큰 기쁨을 준다.

그것을 행위로 의로워진다고 믿을 때의 결과와 비교해 보라. 만일 나의 영원한 미래가 나와 행위, 혹은 남의 손에 달려 있다면, 내가 부족하다는 것을 알기 때문에 걱정하거나 내가 보기에 나보다 덜 순종하는 사람들과 비교해서 오만할 것이다. 심지어는 두 가지 상태에 다 해당될 것이고, 기쁨은 없을 것이다!

기쁨은 오직 하나님의 자녀일 때만 주어진다(3:26). "하나님이 아닌 자들에게 종 노릇 하"면(4:8) 결코 기쁨을 얻지 못한다. 마찬가지로 갈라디아 교인들이 그리스도를 믿는 믿음을 저버리고 자신을 의지하며 종교적 행위를 예배했기 때문에 기쁨을 잃어버린 것이 당연하다!

거짓 교사들의 목적
갈라디아서 4장 17-20절을 읽으라.

6. 거짓 교사들의 사역 목표는 무엇인가?(17절) 그들은 누구를 위해서 그렇게 하는가?

7. 바울의 사역 목적은 무엇인가?(19절)

8. 19-20절에서 그리스도인의 건강한 관계의 특징은 무엇인가?

⊙ 적용

당신의 삶에 있어 다음의 것들이 어떤 의미인지 적어 보라

- 교회 가족:

- 소그룹 교제:

- 친구 그리스도인들과의 사이:

당신이 바울의 우선순위와 마음을 갖는다면, 주변의 그리스도인들을 위한 기도와 행동이 어떻게 달라질 것인지 생각해 보라.

Galatians

Day 15

잉태하지 못한 자에게
임한 은혜

갈라디아서 4장 21-31절

바울은 갈라디아 교인들에게 그리스도를 믿은 순간 온전히 아브라함의 자녀가 되었다고 가르쳤다(3:7). 이제 바울은 아브라함의 두 아들, 이스마엘과 이삭에 비유하여 역설한다.

두 아들의 차이
갈라디아서 4장 21-28절을 읽으라.

1. "율법 아래에" 있다는 것은 무슨 의미인가?(21절)

바울이 말하려는 바는 우리가 무엇에 순종하고 있느냐가 아니라, 우리가 무엇을 의지하고 있느냐다.

창세기 16장 1-4절, 18장 10-14절, 21장 1-10절을 읽으라.

2. 두 아들의 탄생은 무엇이 다른가?(갈 4:23)

3. 두 어머니가 나타내는 바는 무엇인가?(24-26절)

4. 두 여자의 "자녀"는 무엇이 다른가?

바울의 이야기를 들은 유대인들은 충격을 받았을 것이다. 예루살렘 주민들은 사라를 어머니로 여기고 하갈을 이방인의 어머니로 여겼기 때문이다. 그런데 바울은 그 두 가지를 뒤바꾸었다.

예루살렘에서 하듯이 하나님의 율법을 의지하면 종노릇하게 된다. 바울의 그리스도인 형제들은 "약속의 자녀"(28절)다. 왜냐하면 그들은 그리스도를 의지하여 참된 "예루살렘"(26절), 즉 하늘에 속하기 때문이다.

여기서 주는 기본 가르침은 복음으로 하나님의 자녀가 된다는 것만 아니라, 가장 자부심 강하고 도덕적이고 종교적으로 "잘하는" 사람도 하나님의 가족이 되지 못할 수 있다는 것이다. 복음은 그렇게 세상의 가치를 뒤엎는다.

⊙ 적용
오늘 본문을 공부한 후 교인들을 보는 시각이 어떻게 달라졌는지 생각해 보라. 하나님께 '종교적으로' 접근하는 것과 그리스도인으로서 접근하는 것의 차이점을 생각해 보라.

두 아들의 관계
갈라디아서 4장 29-31절을 읽으라.

29절에서 바울이 다시 두 형제를 대조한다.

5. 이스마엘과 이삭의 관계에 대해 무엇이라고 말하는가?

6. 1세기에는 (그리고 21세기에는) 행위로 말미암는 의를 의지하는 사람과 그리스도를 의지하는 사람에 대해 무엇이라고 말하는가?(29절) 왜 그렇다고 생각하는가?

◇ 적용
종교적인 사람들에게도 복음이 필요한 이유를 생각해 보라. 그들이 복음을 듣고 어떤 반응을 보일지 상상해 보라.

Day 16

굳건하게
자유를 누려라

갈라디아서 5장 1-6절

갈라디아서의 마지막 두 장의 요지가 5장 1절에 있다. 바울은 갈라디아서 1-4장에서 위대한 복음의 진리를 선포했다. 바울은 1세기의 독자들이나 오늘날의 독자들이 그 진리에 응답하여 행하기를 바란다.

굳건하게 서라
갈라디아서 5장 1-6절을 읽으라.

1. 1절의 두 문장에서 바울은 어떤 권면을 하는가?

하나님이 갈라디아 교인들에게 "자유를 주셨"다.

2. 갈라디아 교인들이 구원받으려면 율법에 순종해야 한다고 생각하는 것이 왜 터무니없는가?

바울은 구원의 믿음의 외적 표현은 할례가 아니라고 말한다(6절). 그렇다고 할례 받지 않아야 한다는 것도 아니다!

3. 그렇다면 본문이 주는 의미는 무엇인가?(6절)

예수님을 믿어 구원받는다는 것을 알면 우리는 주변 사람들을 진정으로 사랑할 수 있다. 이제 우리는 하나님이 해 주신 것이 아닌, 하나님이 어떤 분이신가로 인해 남을 섬길 수 있다. 그리고 다른 사람이 우리에게 해 준 것 때문에 섬기는 것이 아니라, 우리가 그들에게 줄 수 있기 때문에 섬길 수 있다. 그리스도의 사랑이 우리가 사람을 사랑하도록 자유로워지게 한다.

큰 위험
4. 2절에서 바울이 갈라디아 교인들을 향하여 주는 교훈은 무엇인가?

주 예수님 외에도 행위가 있어야만 구원받을 수 있다고 믿기 시작하는 순간, 그리스도를 온전히 신뢰하지 않게 된다. 이때 그리스도가 소중한 구원자가 아니게 된다. 그리스도 외에 다른 것을 기대한다면 그로 인해 그리스도를 잃게 된다.

5. 우리의 행위로 의롭다 함을 얻으려 할 때 얻게 되는 심각한 결과는 무엇인가?(4절)

6. 사람을 사랑하는 동기로 움직인다면 당신 삶의 어느 부분에서 행동이 바뀔까?

7. 갈라디아서 5장 5-6절이 당신에게 어떤 동기를 부여해 주는가?

8. 4절에서 바울은 진정한 갈라디아 교인들이 구원을 잃을 것이라고 말하는 것인가?

9. 갈리다아서 5장 10절을 읽으라. 이 구절이 4절을 어떻게 빛을 비춰 주는가?

바울은 이들이 복음을 배신하지 않을 진짜 그리스도인들이라고 분명히 믿었다. 그들이 진실한 마음으로 복음을 믿는 그리스도인들이라면, 바울이 주의를 준 것에 긍정적으로 응답할 것이다.

기도

유일한 구원자, 예수 그리스도의 소중함을 늘 알게 해 달라고 간구하라. 평생 복음의 자유 안에 굳건하게 서게 해 주시고 늘 진실한 믿음을 주셔서 진정한 사랑이 나타나게 해 달라고 간구하라.

Day 17

경로 이탈
금지!

갈라디아서 5장 7-12절

믿음을 저버리려고 하는 그리스도인들에게 편지를 쓰는 바울의 마음은 매우 힘들고 괴로웠다.

경로 이탈

갈라디아서 5장 7-10절을 읽으라.

1. 7절에서 바울은 갈라디아 교인들이 얼마나 잘했다고 말하는가?

- 과거에:

- 현재에:

2. 바울은 갈라디아 교인들이 무엇 때문에 달라졌다고 말하는가?(7절)

바울은 그리스도인의 삶을 달음질과 경주로 묘사한다. 갈라디아교회의 출발은 좋았다. 그러나 누군가가(거짓 교사들) 그들을 가로막아서 경로에서 이탈하게 했다. 더 이상 그들이 경주에 참여하지 않을 수도 있다.

그 거짓 교사(들)은 특히 위험한 행동을 했다. 자신들의 메시지가 진정한 기독교의 메시지라고 사람들을 확신시켰던 것이다. 그래서 바울은 "너희를 부르신" 하나님은 믿음으로 구원받는다는 복음의 진리에 불순종하게 하지 않으신다고 말했다(8절).

3. 소수의 거짓 교사들이 어떤 영향을 미쳤는가?(9절)

4. 왜 바울이 10a절을 말했다고 생각하는가? 바울이 갈라디아 교인들에게 부탁한 것은 무엇인가?

기도

나와 내가 속한 공동체에는 이런 일이 일어나지 않을 것이라고 생각하기 쉽다. 그러나 갈라디아 교인들도 경로를 이탈하기 전까지는 "달음질을 잘하"고 있었다. 나와 교회를 위해 기도하라.

- 자신을 위한 기도: 복음의 진리를 늘 신뢰하도록 지켜 주셔서 사람이나 다른 생각(혹은 주장)으로 인해 믿음의 경주에서 이탈하지 않게 하소서.
- 교회를 위한 기도: 매력적으로 말과 행위로 침투하는 거짓 가르침으로부터 교회를 보호하소서.

여전히 달음질하라
갈라디아서 5장 11-12절을 읽으라.

본문에서 두 가지 "복음"이 전파되고 있다.

- "할례": 우리가 하는 일로 하나님과 올바른 관계가 되려 한다.
- "십자가": 예수님이 하신 일로 하나님과 올바른 관계가 된다.

5. 바울은 그중 어느 것을 전하는가?(11절)

6. 다른 "복음"을 전하는 사람들에 대해 바울은 어떻게 느끼는가?(12절)

바울은 말한다. "이 거짓 교사들은 할례로 신체 일부를 잘라내는 데 혈안인데, 차라리 그 거짓 가르침을 다 잘라내라!"

⊘ 적용
"옆에 있는 다른 교회에서는 예수님을 믿을 뿐 아니라 선행도 해야 한다고 하지만 괜찮아요. 그건 다른 스타일의 기독교일 뿐이에요." 간혹 이와 같은 말을 하는 사람을 만날 수 있다. 그때 어떤 말을 할 것인지 생각해 보라.

우리의 자유와
하나님의 율법

갈라디아서 5장 13-15절

5장 서두에서 바울은 앞서 언급한(2:4) 그리스도인의 자유를 다시 소개한다. 그리스도인의 "자유"라는 개념은 오해하기 쉽다. 본문에서 바울은 자유가 우리의 일상생활 속에서 무엇을 의미하는지 깨우쳐 준다.

자유를 어떻게 사용할 것인가
갈라디아서 5장 13절을 읽으라.

1. 바울은 그리스도인의 신분에 대하여 어떻게 말하는가?

2. 자유를 오용하게 되는 경우는 언제인가?

3. 자유를 오용하는 배후에는 어떤 잘못된 생각이 있는가?

4. 그리스도인은 자신의 자유를 어떻게 사용해야 하는가?

자유와 율법

바울은 우리가 율법의 "감독"에서 벗어나 자유로워졌고(3:25) 이제는 율법 "아래" 있지 않다고(5:18) 말한다. 그렇다면 율법에 불순종하거나 개의치 않아도 된다는 말인가? 바울의 대답을 살펴보자.

갈라디아서 5장 14절을 읽으라.

5. 바울은 율법을 어떻게 요약하는가? 바울보다 먼저 율법을 그렇게 요약한 사람은 누구인가?(14절)

6. 자유, 사랑, 하나님의 율법 간의 관계는 무엇인가?

"형제들아 너희가 자유를 위하여 부르심을 입었으나"(13절). 그리스도인은 구원받으려고 율법에 순종해야 하는 것이 아니다. 그러나 이제 우리가 은혜로 이처럼 온전히 값없이 구원받았으니 율법을 더 지켜야 한다! 왜냐하면 하나님을 사랑할 이유가 이전보다 더 커졌기 때문이다(6절). 율법에 순종하면 하나님이 기뻐하신다. 우리는 그런 엄청난 값을 치러서 우리를 구원하신 분께 감사하여 그분을 기쁘시게 해야 한다.

서로 물고 먹지 말라
갈라디아서 5장 15절을 읽으라.

갈라디아교회는 행위로 의롭다 하심을 얻으려는 자세로
돌아가고 있었다.

7. 그들은 서로를 어떻게 대했는가?(15절)

8. 바울은 그들에게 무엇을 경고하는가?(15절)

9. 그리스도의 선하심보다 자신의 선을 의지하게 된 이
   유는 무엇인가?

⊘ 적용
"왜 그리스도인이 하나님께 순종해야 하는가?"라고 묻는
사람에게 이 구절에 근거해 어떻게 대답할지 적어 보라.

Day 19

복음으로 말미암는
인격

갈라디아서 5장 16-25절

규칙이 기반인 종교에서 도덕을 행하는 근본적인 동기는 두려움이다. "착한 일을 하지 않으면 하나님이 나를 받아 주지 않으실 거야"라는 생각이 행동하게 한다. 그러나 그리스도인의 행동 동기는 사랑이다. "하나님이 나를 사랑으로 받아 주셨으므로 나는 자유로워져서 하나님과 사람들을 사랑하여 선을 행할 수 있어"라고 생각한다.

이제 바울은 이 새로운 역학을 통해 어떻게 우리의 인격이 성장하는지 자세히 설명한다.

내적 전쟁
갈라디아서 5장 16-18절을 읽으라.

   1. 모든 그리스도인 안에 작용하는 두 가지는 무엇인가?(16-17절)

2. 왜 그것이 우리 안에 갈등을 일으키는가?(17절)

3. 그리스도인은 자연히 무엇을 하기 원하는가?

- 16절:

- 17b절:

우리 안에 큰 전쟁이 벌어지고 있다! 16절에서 바울은 우리의 "육체, 죄성"에 대해 말한다. 18절에서는 그것을 "율법 아래에" 있다고 표현한다. 그것은 죄성이 어떻게 작용하는지 보여 준다. 우리가 하나님의 율법을 볼 때, 우리의 죄성이 때로 그것을 이용하여 율법을 어길 생각을 하도록 부추긴다(롬 7:7-11 참조).

또 다른 때에는 우리가 하나님의 율법을 볼 때, 율법을 지켰다는 사실이 죄성을 일깨우면서 교만하고 자기 의에 빠지게 부채질한다. 그것은 죄성의 미묘한 작용이다. 그렇게 해서 우리의 선행이 자기 의를 불러일으킨다.

그러나 성령님의 인도하심을 받으면 모든 것으로부터 자유로워진다. 성령님이 우리에게 힘을 주셔서 죄악되게 율법을 어긴 것과 죄악되게 율법을 지킨 것을 모두 회개하고 변화되게 하신다.

승리

갈라디아서 5장 24-26절을 읽으라.

4. 우리의 죄성이 어떻게 되었나?(24절)

하나님의 아들이 십자가에서 이미 죄성을 무찌르셨다! 그리고 하나님의 성령이 그리스도의 승리를 삶에 적용하셔서, 이미 패배한 죄성과 계속해서 싸워 이기게 하신다.

결실

갈라디아서 5장 19-23절을 읽으라.

5. 19-21절 말씀을 보고 인간의 마음에 대해 무엇을 배우나?

6. 성령이 우리 안에 역사하신 결과는(22-23절) 어떻게 죄성의 결과와 반대되는가?

⌄ 적용

19-21절의 태도와 행동 중에서 당신에게 있는 것을 적어 보라. 당신은 삶의 어느 면에서 "성령으로 행"하기 시작할 필요가 있는가?(25절)

기도

삶의 그런 면들에서 죄성과 싸우고 성령의 열매를 맺도록 이끌어 달라고 간구하라.

복음 안의
관계

갈라디아서 5장 26절 - 6장 6절

이 짧은 본문은 사람들과의 관계가 어떠해야 하는지 실제적인 원칙들을 가득 담고 있다.

갈라디아서 5장 26절 - 6장 6절을 읽으라.

서로 노엽게 하거나 투기하기 말라

1. 바울은 무엇을 하지 말라고 주의를 주는가?(26절)

2. 6장 1-5절에서 자만을 어떻게 정의할 수 있을까?

자만은 자신이 받아 마땅하다고 느끼는 명예와 영광에 대한 욕심이다. 우리는 주목받기

원한다. 그래서 자신의 가치를 다른 사람들에게 증명해 보이려고 항상 자신을 남들과 비교한다. 우리가 남보다 어떤 면에서 나아 보이면 "명예욕"이 우쭐하게 한다. 자신이 남보다 열등해 보이면, 좌절한다.

3. 26절에서 자만이 관계에 미치는 두 가지 악영향은 무엇인가?

자만은 "나는 너에게 없는 것을 가졌어!"라고 해서 사람들의 분노를 불러일으키거나, "너는 내가 갖지 못한 것을 가졌어. 그건 부당해!"라고 해서 내 안에 시기를 불러일으킨다.

그러나 복음은 완전히 새로운 자아상을 창조한다. 즉 사람들 앞에서 겸손하게 하고, 오직 은혜로 구원받은 죄인이라고 고백하게 한다. 그러나 또한 사람들 앞에서 담대하게 하고, 우주에서 유일하게 정말로 중요한 분이 자신을 사랑하시고 귀하게 여기신다고 고백하게 한다.

그래서 복음은 담대함과 겸손을 낳으며, 그 두 가지는 서로 경쟁 관계가 아닌 함께 성장해 간다. 우리는 분노나 시기, 우월감이나 열등감에 빠지도록 유혹받는 상황 속에서 복음의 특징을 기억해야 한다.

◇ 적용
4. 당신은 인간관계 속에서 남을 "노엽게 하거나" "투기"하는 것 중에 어느 성향이 더 강한가?

5. 어떻게 복음으로 그 성향을 극복하겠는가?

회복되어 짐을 지라
6. 바울이 제시하는 원칙은 무엇인가?(6:1)

바울은 "온 율법은 네 이웃 사랑하기를 네 자신같이 하라 하신 한 말씀에서 이루어졌"다고(5:14) 말했다.

7. 그것을 우리가 어떻게 이룰 수 있다고 6장 2절에서 말하는가?

2절과 5절은 상반된 내용으로 보인다. 그러나 2절의 "짐"(burdens)은 5절의 "짐"(load)과 같지 않다. 2절의 짐은 도와줄 수 있는 업무나 문제이고, 5절의 짐은 자신이 등에 져야 하는 일종의 등짐이다. 하나님께서는 각 사람에게 하나님께 순종할 서로 다른 기회를 주셨다. 그것이 5절의 짐이고, 우리는 그 등짐을 기꺼이 져야 한다.

◇ 적용
그리스도인들이 6장 1-2절의 두 가지를 관계에서 실행하기 어려운 이유는 무엇인가? 말씀에 잘 순종하려면 실제적으로 무엇을 해야 할지 적어 보라.

- 1절:

- 2절:

스스로
속이지 말라!

갈라디아서 6장 7-10절

바울은 갈라디아서를 마치며 최종적이고 정점을 이루는 당부를 전한다. 그것은 진리를 고수하라는 것이다.

하지 말라!
갈라디아서 6장 7-8절을 읽으라.

1. 바울이 갈라디아 교인들에게 하지 말라고 권한 것은 무엇인가?(7절)

2. 바울이 농사에 기초하여 제시한 원칙은 무엇인가?(7절)

어떤 면에서, 이것은 갈라디아서 전체의 주제다! 무엇으로 심든지 그대로 거둔다. 콩 심은 데 콩 나고 팥 심은 데 팥 난다. 콩을 심으면 아무리 원하더라도 팥이 자라지 않는다. 무엇으로 심든지 그대로 거둘 것이다. 씨가 오랫동안 흙 속에 있더라도 결국 자랄 것이다. 결실을 결정하는 것은 어떻게 수확하느냐가 아니라 무엇을 심느냐. 우리의 행동에는 항상 결과가 따른다. 하나님의 세상은 지금이나 죽음 후나 그렇게 작동한다.

3. 우리의 삶에 어떤 두 가지 방법으로 심을 수 있는가?(8절)

4. 그 결과 무엇을 거두는가?(8절)

◇ 적용
당신 삶의 '밭'을 보라. 무엇을 심고 싶은지 고민해 보라. 또 오늘 당신의 삶을 통해 누구를 기쁘게 하고 싶은가 생각해 보라.

행하라!
갈라디아서 6장 9-10절을 읽으라.

7. 9-10절에서 바울은 그리스도인들에게 무엇을 하라고 하는가?

8. 성령이 기뻐하시도록 심는 큰 동기는 무엇인가?(9절)

9. 당신의 경험으로 볼 때, 그런 삶으로부터 무엇을 "거두는가?"

10절은 단순 명료하면서도 포괄적이다. 첫째로, 그리스도인의 삶의 핵심은 집회도 아니고, 회심도 아니다. 그것은 내 앞에 있는 사람에게 선을 행하고, 그 사람에게 가장 좋은 것을 주는 것이다.

둘째로, "행하라"는 단어는 사랑을 바탕으로 주변 사람들에게 가장 좋은 것을 적극적으로 주어야 한다고 일깨운다. 말뿐만이 아니라 행함으로 사랑해야 한다. 그것은 가족, 즉 교회에 함께 입양된 형제자매로부터 시작한다. 또한 거기에만 국한되지 않고 모든 사람들에게로 확대된다.

⊘ 적용
오늘 당신이 만나는 모든 사람들에게 어떻게 신경 써서 "선을 행할" 수 있을까?

기도
사람들에게 선을 행하도록 하나님이 주시는 기회에 감사하라. 오늘 어떻게 하나님을 기쁘시게 할지 보여 달라고 간구하라. 선을 행하며 낙심하지 않도록 힘을 달라고 기도하라.

어떻게
잘 자랑할까

갈라디아서 6장 11-18절

이 편지의 마지막 몇 줄은 바울이 직접 썼다.

나쁜 자랑
갈라디아서 6장 11-13절을 읽으라.

1. 12절에서 바울의 대적들의 동기는 무엇인가?

사람들에게 사람은 연약하고 죄가 있어서 구원받을 수 없다고 말하면, 기분 나빠 한다. 세상은 일반적인 "종교"와 "도덕"을 좋아한다. 세상은 도덕적 종교가 사회에 좋다고 생각한다. 바울은 세상에 동조해서 세상에서 인기 있고 존경받으려는 것이 갈라디아 거짓 교사들의 동기라고 말한다.

2. 바울은 할례 같은 선행으로 구원받는다고 가르치는 자들에 대해 무엇을 지적하는
   가?(13절)

그들이 종교 생활을 하게 된 것은 세상에서 명예와 명성을 얻기 위해서였다. 그들은 성
공해서 자랑하고 싶어 한다. 그러므로 그들의 사역은 일종의 스스로를 구원하는 방법이
다.

올바른 자랑
갈라디아서 6장 14-18절을 읽으라.

3. 바울은 무엇에 대해 자랑하는가?(14절)

4. 신앙의 핵심은 당신이 무엇을 자랑하느냐에 달려 있다. 당신이 하나님과 올바른
   관계인 이유는 결국 무엇인가?

만일 구원을 위해 십자가 외에 선행이 필요하다면, 결국 관건은 행위가 된다. 당신은 행
위를 의지하는 것이다. 그러므로 당신은 "육체로 자랑하"는(13절) 것이다.
   그러나 만일 당신이 복음을 정말로 이해한다면, 십자가만 "자랑할" 것이다. 정체성, 자
신감, 안정감을 당신이 누구이며 무엇을 하는가가 아니라, 예수님이 누구시며 무엇을 하
셨는가에 둘 것이다.

5. 그리스도의 십자가가 바울에게 어떤 영향을 미쳤는가?(14절)

세상은 그리스도인에게 영향을 미칠 힘이 없고 세상의 의견이 그리스도인을 좌우하지 않는다. 세상의 그 무엇도 나에게 의나 구원을 주지 않으며, 세상의 그 어느 것도 내가 꼭 가져야만 하는 것이 아니므로 그 어느 것도 나를 지배하지 않는다.

6. 14-15a절은 바울이 갈라디아서에서 말해 온 모든 것을 어떻게 잘 요약하고 있는가?

7. "규례"를 행하면(즉 참된 복음을 의지하고 살아내면) 어떻게 되는가?(16절)

⊙ 적용

세상의 시선이나 평가에 얼마나 신경을 쓰는 편인지 생각해 보라. 또 다른 사람들에게 십자가를 자랑하고 있는지 생각해 보라.

기도

십자가에 대해, 그리고 믿음으로써 의롭다 함을 얻는 참된 복음에 대해 그리스도께 감사의 기도를 드리라.

갈라디아서를 통해
받은 은혜

8
갈라디아서를 통해
받은 은혜

90 days in Galatians, Judges & Romans

Part 2

사사기와
함께 걷는 26일

(Day 23- Day 48)

Judges

Day 23

뒤섞인
출발

사사기 1장 1-36절, 여호수아 1장 1-9절, 여호수아 23장 1-13절

사사기 1장 1절을 읽으라.

사사기는 여호수아 시대를 뒤돌아보며 시작한다. 이스라엘 역사에서 이 시기의 기복, 곧 사사기 시대의 하나님 백성의 승리와 (더 자주 있었던) 비극을 이해하려면, 1장 1절에서 말하듯이 지난 일을 뒤돌아보아야 한다.

약속을 의지하여 살다
여호수아 1장 1-9절을 읽으라.

이스라엘의 리더 모세의 후계자로 하나님이 택하신 여호수아 아래서 이스라엘은 받은 사명이 있다(1절).

　1. 하나님이 여호수아와 백성에게 하신 약속은 무엇인가?

2. 어떤 명령을 주셨는가?(6-9절)

여호수아 23장 1-13절을 읽으라.

"오랜 후"라고 하므로 1장과 23장 사이에 긴 시간이 있었다. 이제 여호수아는 노인이다(1절).

3. 하나님의 백성이 본 하나님의 행하심은 무엇인가?(3절)

4. 더 이루어질 남은 일은 무엇인가?(4-5절)

5. 이스라엘은 무엇을 하지 말아야 하는가?(6-8절) 왜 그래야 하는가?(12-13절)

이 구절들은 사사기의 배경이 되고 사사기에서 이스라엘 백성을 측정하는 기준이 된다. 애굽에서 노예 생활을 할 때 하나님이 약속하셨던 땅에 백성이 들어왔고, 적은 패배했다. 그러나 여전히 그들은 땅을 정복하여 정착해야 했다.

용감하게 살라

하나님은 (그때나 지금이나) 그분의 백성들이 영성과 용기를 모두 갖추길 원하신다. 참된 제자도는 위험 감수를 포함한다. 왜냐하면 참된 제자가 의지하는 것은 축복하시겠다는 하나님의 약속이지, 자신의 본능, 계획, 보험이 아니기 때문이다.

하나님을 믿지 않으면 진정으로 용감하기 어렵다. 하나님을 믿는 데서 우러나지 않는 용기는 모험주의, 남성우월적영웅주의, 잔인함 등일 뿐이다. 그 뿌리는 불안 심리, 혹은 자신의 가치를 입증하려는 절박함, 절망이다. 오직 믿음에 기반을 둔 용기만이 사람들을 이기심과 무심함에 빠지지 않게 하고, 다른 한쪽으로는 비겁함과 지리멸렬함에 빠지지 않게 한다.

이스라엘이 누구를 택해 싸우고 승리에 어떻게 반응하는가는 그들이 참으로 하나님을 신뢰하는지, 주께 정말 순종하는지를 보여 준다.

⊘ **적용**

우리가 어떻게 살기를 선택하는가는 우리가 하나님을 정말 신뢰하는지를 보여 준다. 다음의 질문에 답하여 신뢰도를 점검하라.

- 당신은 하나님을 신뢰하기 때문에 어떤 위험을 감수하는가?

- 당신의 가치를 입증해 보이고 싶어서 용기를 낸 때가 있는가?

- 자신을 보호하려고 어영부영하거나 위험 감수를 회피한 적이 있는가?

- 만일 그때 당신이 믿음에 붙들려 용감했다면 무엇을 다르게 했겠는가?

사사기 1장에서는 이스라엘 열두 지파 중 아홉 지파의 성공과 실패를 추적한다. 그들이 하나님의 백성에게 있어야 할 용감한 믿음을 보여 줄 수 있을지 살펴보자.

그들은 신실했지만
사사기 1장 1-18절을 읽으라.

6. 유다 지파와 시므온 지파는 어떤 면에서 성공했는가?

7. 2절에서 하나님은 무슨 일이 일어나기를 원하신다고 이스라엘에게 말씀하시는가?

8. 유다는 어떻게 순종했는가, 혹은 불순종했는가?(3-4절)

본문은 유다 지파 전체의 행적 중에서 이스라엘의 한 가족에게 초점을 맞춘다. 출애굽 세대 중에서 갈렙과 여호수아만 늘 신실했다. 그래서 하나님이 그들만 약속의 땅에 들어가게 허락하셨다(민 14:30).

9. 사사기 1장 12-15절에서 다음의 가족은 어떻게 하나님을 신뢰하여 위험을 감수하며 순종했는가?

• 갈렙:

- 옷니엘:

- 악사:

10. 그 다음에 16절에서 우리는 모세의 먼 친척 겐 사람을 본다. 그들은 무엇을 하는 가? 그들이 축복된 하나님의 백성에 속하고 싶어 하는 것이 어떻게 나타나는가?

이 가족과 이방인들은 여호수아가 요구한 진정한 믿음, 파격적 믿음을 보여 준다.

◇ 적용
만약 당신의 교회에 갈렙과 같은 가족을 꼽는다면 누구일지 떠올려 보라.

사사기 1장 19-36절을 읽으라.

11. 유다는 무엇을 못했는가?(19절) 왜 그것이 이상한가?

만일 싸웠다면, 적에게 막강한 철 병거가 있어도 유다가 승리했을 것이다. 승리의 이유 는 하나님이 함께하셨기 때문이다(19절). 그러나 그들이 "쫓아내지 못하였으며"라고 기록 되었다. 하나님은 그들에게 할 수 있다고 하셨으므로, 그것은 그들이 믿음으로 위험을 감수하지 않고 상식에 따라 계산한 판단일 것이다. 옷니엘 혼자서도 하나님의 힘으로

한 도시를 공격했지만, 지파 전체는 자신들의 힘으로 그렇게 못한다고 결론짓고 아무것도 하지 않았다.

12. 나머지 지파들은 어떻게 하나님을 온전히 신뢰하고 순종하지 못했는가?(21-36절)

⊙ 적용

힘이 없어서 하나님의 축복을 누리지 못하거나 전심으로 예배하지 못하는 것이 아니다. 힘은 하나님께 있지만, 우리가 하나님의 힘을 믿지 않기 때문에 예배하지 못한다. 자신을 의지하고, 하나님의 약속을 의지하지 않은 채 계산적이라면, 우리도 유다처럼 행동할 것이다.

나에게 어떤 면이 이와 같은 모습인지 생각해 보라. 하나님의 약속을 신뢰하고 순종하기 위해 어떤 노력이 필요할지 적어 보라.

Judges

Day 24

이스라엘의
영적 경험

사사기 2장 1절-3장 11절

마치 1장은 이스라엘이 정복 전쟁에 대한 기자 회견을 잇달아 연 것만 같다. 성공담과 더불어 왜 어떤 때에는 기대만큼 성공하지 못했는지 설명한다. 그들이 가나안 주민을 "쫓아내지 못"했다(삿 1:19)는 것을 들을 때 우리는 수긍하는 경향이 있다. 우리는 그들이 최선을 다했다고 생각한다. 그런데 하나님이 갑자기 충격적으로 평가하시고 지적하신다.

안 할래요
사사기 2장 1-5절을 읽으라.

1. 하나님은 이스라엘이 어떠하다고 판결하시는가?(2절)

2. 그들이 하지 말아야 했던 일은 무엇인가?(2절, 1장 22-26절 참조)

3. 그들이 했어야 하는 일은 무엇인가?(2:2)

요컨대, 이스라엘은 "우리는 못했어요"라고 했지만, 하나님은 "아니야. 너희는 하지 않으려 했어"라고 하신다. 이스라엘이 타당한 이유로 생각한 것을 하나님은 어쭙잖은 핑계라고 하신다. "오직 하나님은 미쁘사 너희가 감당하지 못할 시험 당함을 허락하지 아니하시고"(고전 10:13)라고 성경은 말한다. 순종하는 자에게 "못해요"는 없다.

우리의 "안 할래요"
우리가 할 수 없다고 생각하지만 사실은 우리가 하기를 거부한 것들이 많다. 진짜 마음은 "안 하겠어요"이면서 "못해요"라고 말하기 쉬운 세 가지 영역이 있다.

- 용서: 나는 그 사람을 용서 못해.
- 진실 말하기: 나는 그들에게 진실을 말하지 못하겠어. 그랬다가는 그들이 무너질 거야. 우리의 관계가 깨질 거야.
- 유혹: 잘못인 걸 알지만 저항하지 못하겠어.

해결책은 무엇인가? 하나님이 어떤 분이신지 기억하면 된다. 하나님은 우리를 구원하시고 늘 신실하시다(1절). 그것을 기억할 때 우리는 온전히 즐겁게 순종할 수 있다.

◇ 적용

용서, 진실 말하기, 유혹 중에서 거부하고 있는 영역은 무엇인지 생각해 보자. 삶의 영역에서 "할래요"로 바꾸어야 할 부분은 어디인지 나눠 보라.

축복할 수 없는 자를 축복하신다

4. 하나님이 무엇을 약속하셨는가?(삿 2:1)

5. 하나님이 이제 무엇을 약속하시는가?(3절)

6. 여기서 분명히 나타나는 모순은 무엇인가?

하나님은 죄악된 백성을 축복하겠다고 약속하셨다. 그러나 죄인들은 심판을 받을 것이다. 어떻게 축복과 심판이 모두 이루어질 수 있는가. 사사기는 우리에게 답을 말해 주지 않는다. 오직 그리스도의 십자가만이 답을 말해 준다. 십자가에서 하나님이 인류를 대신하여 아들을 심판하셔서 사람들을 축복하실 수 있으셨다. 고린도후서 5장 21절을 읽으라.

7. 사사기 2장 4-5절은 우리의 "안 할래요"를 하나님이 지적하실 때 어떻게 하는 것이 올바른 반응이라고 보여 주는가?

사사기 2장 6절에서 3장 11절

본문은 사사기의 두 번째 서론으로서, 1장 1절에서부터 2장 5절 문단과 같은 시기가 반복된다. 그러나 본문은 서론에만 그치지 않고, 사사기 전체를 요약해 준다. 여기서 우리는 이스라엘의 영적 경험의 주기를 보는데, 그것이 사사기 전체에서 반복될 것이다.

사사기의 주기

사사기 2장 6절 - 3장 6절을 읽으라.

2장 8-9절은 사사기 1장의 시작과 똑같이 여호수아의 죽음에 대한 내용이다.

> 8. 여호수아 세대가 죽은 후 무슨 일이 일어났는가?(2:10)

본문의 영적 주기는 사사기 전체에 거듭 반복된다.

- 백성이 반역한다 - 여호와를 잊고 다른 신들을 예배한다.
- 하나님이 진노하심
- 그 결과로 대적에게 압제당함
- 환난을 당하자 전에 거부했던 하나님께 부르짖음
- 하나님이 긍휼히 여기셔서 "사사"를 리더로 세우심
- 사사가 백성을 구하고 이끌어서 평화를 누리고 하나님께 순종함
- 사사의 죽음

이때 한 가지 점에 주목하자.

9. 백성이 구체적으로 누구를 예배하는가?(12-13절)

기억해야 할 중요한 점은 인간이 많은 신을 동시에 예배하는 일이 가능하다는 것이다(어쩌면 이는 인간의 본성이다). 그 당시 세계관과 현시대 세계관은 성경의 하나님의 존재를 받아들일 수 있지만, 하나님만이 온 우주를 주관하신다는 것은 받아들이지 못할 수 있다. 하나님이 많은 신들 중의 하나일 수 있다고 여기지만, 유일하신 참 하나님은 아니라고 생각한다. 하나님께서는 사람들을 구하시고 축복하신 후에 하나님만 예배하라고 하셨다. 그러나 그들은 하나님 외의 다른 우상들도 예배했다.

◇ 적용

이는 스스로 그리스도인이라고 고백하는 이들을 향한 유혹이다. 우리가 사는 세상은 다양한 여러 신들을 제시한다. 가장 위험한 것은 무신론이 아니라 마음속에 다른 신들과 하나님을 함께 두는 것이다. 그러면서도 그 사실을 인식하지 못할 수 있다.

하나님이 아닌 예배하는 다른 신이 있는지 생각해 보라. 삶의 영역들(가정, 직장, 소유, 시간 등)을 살펴보며 질문에 답해 보라.

- 나는 이 영역에서 하나님이 어떻게 말씀하시든 따르려 하는가?

- 나는 이 영역에 하나님이 무엇을 보내시든 받아들이려 하는가?

만일 "아니요"라고 답했다면, 삶과 마음의 그 영역을 다른 신에게 열어 놓았거나 내어 준 것이다.

첫 사사

사사기 3장 7-11절을 읽으라.

9. 여기에 "사사기의 주기"는 어떻게 나타나는가?

10. 옷니엘과 예수님의 닮은 점이 있는가? 결정적으로
   다른 점은 무엇인가?

기도

하나님께 당신의 "안 할래요"가 무엇인지 인정하라. 하나님이 그
것들을 십자가에서 심판하셨으니 감사하라. 하나님이 누구신지 기
억함으로써 "안 할래요"가 "하겠습니다"로 바뀌게 해 달라고 간구
하라.

Day 25

왼손잡이들의
하나님

사사기 3장 11-31절

옷니엘의 이야기는 "사사기 주기"의 축약판이다. 거의 원형이라고 할 수 있으며, 앞으로 살펴보겠지만, 미래의 주기들이 이것과 어떻게 다른가가 중요한 교훈을 준다. 그래서 그 주기를 다시 살펴볼 필요가 있다.

- 백성이 반역
- 하나님이 진노하심
- 대적이 압제
- 백성의 회개
- 택하신 사사를 통한 구원
- 평화
- 사사의 죽음

뜻밖의 사사

사사기 3장 11-31절을 읽으라.

  1. 12-30절에서 주기의 단계들을 짚어 보라.

   • 하나님이 옷니엘을 사사로 선택하신 것이 놀랍지
     않은가?(12-13절 참조)

   • 반면에 왜 에훗은 뜻밖의 사사인가?

성경에서는 오른손잡이에 대하여 긍정적인 묘사를 한다(시
62:8-9, 시 16:11, 110:1). 오른손은 힘과 능력의 상징이었다. 전
쟁에서 군인은 오른손에 칼을 쥐고 싸우기 때문에 왼쪽 허
벅지에 칼을 매달아 오른손으로 쉽게 뽑도록 했다. 사사기
3장 15절을 히브리어 원문으로 보면, 에훗의 오른손은 마
비되었다고 암시된다. 그래서 아무도 에훗을 리더로 선택
하지 않았다. 그러나 하나님은 사람과 달랐다.

  2. 왜 에훗이 왼손잡이인 점 때문에 도리어 하나님의
     대적을 무찌를 수 있었는가?(16-23절)

여기서 뜻밖의 구원자가 예상하지 못한 방식으로 구원을
이룬다. 옷니엘이 이스라엘 전체를 거느리고 "나가서 싸"
운(10절) 것과 달리, 에훗은 사람들이 그와 함께하기 전에

혼자 이스라엘을 구원하기 시작해야 했다(27-29절).

왼손잡이들을 위한 복음
이사야 53장 2-6절을 읽으라.

    3. 어떻게 에훗이 예수님의 예표가 되는가?

물론 예수님은 에훗보다 훨씬 더 구원자 같지 않은 모습으로 우리를 구원하셨다. 에훗은 싸움을 통해 이스라엘을 해방했지만, 예수님은 처절한 패배를 통해 우리를 구원하셨다. 예수님은 최고의 "왼손잡이" 구원자이시다.

고린도전서 1장 26-31절을 읽으라.

    4. 세상의 관점에서 '왼손잡이'인 사람은 누구인가?(26-27절)

    5. 왜 하나님은 사회의 소외된 사람들을 선택하시는가?(29절)

◇ 적용
하나님이 우리 같은 "왼손잡이"를 선택하신다는 사실을 기억할 때 겸손해질 수 있다. 하나님이 나와 같은 왼손잡이를 사용하심에 기뻐하며 감사해 보자. 하나님이 우리 같은 '왼손잡이'를 사용하신다는 사실이 얼마나 기쁜가?

기도

저는 보잘것없는 왼손잡이입니다. 그렇기 때문에 십자가를 꼭 붙듭
니다. 저를 사용해 주소서. 아멘.

Judges

Day 26

어떻게
믿음으로 살 것인가

사사기 4장 1-16절

"이스라엘 자손이 또 여호와의 목전에 악을 행하매"(4:1). 이 문제로 인하여 다른 사사가 등장할 배경이 조성되고, 놀랄만한 일이 일어났다.

경건한 통치
사사기 4장 1-7절을 읽으라.

1. "철 병거"(3절)는 그 당시의 최첨단 무기였다. 어떤 면에서 이스라엘이 당한 이 학대가 지금까지 중에서 가장 심했는가?(1-3절)

2. 이때 이스라엘의 리더, 사사는 누구인가?(4절) 왜 그것이 고대에는 뜻밖의 일이었다고 생각하는가?

3. 드보라는 무엇을 했는가?(5절)

드보라는 모든 사사들 중에서 독보적이다. 그는 효율적이고 경건하며 공정한 왕정 통치가 이루어진다면 어떤 모습일지 좋은 예표가 된다. 또한 우리의 "기묘자라, 모사라 … 평강의 왕"이시며 "그 나라를 … 영원히 정의와 공의로 … 보존하실"(사 9:6-7) 예수님을 잘 예표한다.

　사사기를 통하여 우리는 새로운 깨달음을 얻는다. 하나님의 백성인 우리는 힘센 구원자만이 아니라 지혜로운 통치자가 필요하다.

4. 예수님을 구원자로만 여기고 통치자로 여기지 않으면 어떤 일이 생기는가?

5. 반대로 예수님을 통치자로만 여기고 구원자로 여기지 않으면 어떤 일이 생기는가?

경건한 믿음

사사기 4장 8-16절을 읽으라.

여선지자 드보라에게 하나님은 바락을 부르고 적을 무찔러 백성을 구원하라고 명령하신다(6-7절). 8절에서 바락의 대답을 두 가지로 볼 수 있다. 회의적 해석은 바락이 믿음이 없어서 드보라가 동행하지 않으면 하나님께 순종하지 않으려 했다는 것이다(9절이 NIV1984 역본에서는 "네가 이것에 대해 이렇게 하기 때문에 영광을 얻지 못하리라"라고 되어 있어서 그런 관점이 강하다).

그러나 9절을 그냥 사실을 말한 것일 수 있다(NIV1984 주석 참조). "네가 이번에 가는 길에서는 영광을 얻지 못하리니"(개역개정도 같은 의미-역주). 이 해석이 더 긍정적이다. 드보라가 바락을 꾸짖은 것이 아니라, 900대의 철 병거를 공격해야 하더라도 영광을 얻지 못할 것이라고 말해 주었다는 것이다! 바락은 진정한 믿음의 좋은 예가 된다(그것은 히 11:32-34의 바락에 대한 묘사와 일치한다).

6. 바락은 어떻게 믿음을 보여 주는가?

- 사사기 4장 8절(드보라를 통해 하나님이 말씀하신다는 것을 기억하라):

- 14-16절:

바락은 자기가 영광을 받지 않을 것을 알고도 행동했다. 진정한 믿음은 칭찬받으려 하지 않고 하나님께 순종하는 데 관심을 둔다.

◇ 적용
하나님 말씀에 귀 기울이라. 신뢰하며 순종하라. 자신의 영광을 구하지 말라. 하나님이 삶의 어떤 면에서 신뢰하고 순종하기를 원하시는지 생각해 보라. 진정한 믿음이 왜 도전이 되는지 고민해 보라.

Judges

Day 27

장막 말뚝에
죽다

사사기 4장 17-24절, 5장 24-31절

하나님이 바락에게 "시스라를 여인의 손에 파실" 것이라고 말씀하셨다(4:9). 이는 사사 드보라에게 파신다는 말씀이었을까? 아니다. 본문에는 반전이 있다.

시스라의 결말
사사기 4장 17-24절을 읽으라.

　1. 왜 시스라는 야엘의 장막으로 피신했는가?(17절)

20절까지는 시스라가 지혜로운 결정을 한 것으로 보인다. 그러나 사실은 그렇지 않았다 (21절). 당시 장막을 치는 것은 여자가 하는 일이었다. 장막 말뚝은 전통적으로 다리미나 청소기처럼 여자의 가재도구였다.

2. 어떻게 시스라의 죽음이 더욱 굴욕적이었는가?

3. 당신은 야엘의 행동에 대해 어떻게 느끼는가? 그 행동을 칭찬해야 할까, 비판해야 할까, 아니면 둘 다일까?

사사기 5장 24-31절을 읽으라.

4. 드보라와 바락이 부른 노래에서 야엘을 어떻게 묘사하는가?(24절)

5. 전에 시스라가 승리를 즐길 때 어떻게 했었다는 것을 알 수 있는가?(30절)

30절에서 "처녀"라고 번역한 것은 적절하지 않아 보인다. 반면에 영어성경(ESV)에서는 "남자마다 한두 자궁"을 얻었을 것이라고 말한다. 시스라는 적의 여자들을 자신과 부하들을 위한 성 노예로 만들기를 좋아했다. 그래서 시스라의 어머니는 시스라가 오지 않는 것이 여자들을 공격하고 있기 때문일 것이라고 생각했다(28-30절). 그러나 사실 시스라가 오지 않은 것은 반대로 한 여자가 그를 공격했기 때문이었다.

6. 야엘의 행동에 대해 어떻게 느끼는가?

복수인가, 용서인가

하나님이 드보라를 통해 야엘이 영광을 얻고(4:9) 복을 받았다고(5:24) 말씀하셨다. 그러나 야엘은 손님 접대를 잘 해야 한다는 그 당시의 엄격한 문화를 위반했고, 거짓말을 했으며, 잔인하게 사람을 죽였다. 어떻게 그런 것이 원수를 사랑하고 축복하고 기도하라는 예수님의 명령(눅 6:27-28)과 일치한단 말인가? 이것은 고민스럽고 헷갈린다!

7. 다음 신약의 구절들이 어떻게 도움이 되는가?

• 요한계시록 11장 15-18절:

• 로마서 12장 19-20절:

하나님이 "원수를 갚"으신다는 것을 믿는가? 사실 우리는 십자가를 통하여 하나님이 죄를 심판하시는 것을 보았다. 십자가는 우리가 용서받는 곳일 뿐만 아니라, 하나님이 심판하신다는 증거다. 하나님이 원수를 갚으신다는 것을 어떻게 아는가? 예수님이 부활하셔서 미래의 재판장으로 임명되셨기 때문이다(행 17:31).

예수님의 죽음과 부활은 원수에 대한 우리의 태도를 근본적으로 바꾼다. 우리는 정의의 심판이 이루어지는 것을 보기 원하고, 그렇게 될 것을 알고, 그렇게 될 것으로 인해 하나님을 찬양한다. 그러면서도 우리는 자유롭게 원수를 사랑하고 축복하고 위하여 기도한다. 십자가 은혜로 우리도 예수님이 십자가에서 가지셨던 태도를 가질 수 있다.

예수님은 자신을 죽이는 자들을 보시며 "아버지 저들을 사하여 주옵소서"(눅 23:34)라고 말씀하셨다.

◇ 적용
함부로 판단하는 사람이 있는지 생각해 보라. 그들을 위해 축복하기를 결단하는 시간을 가지라.

Judges

Day 28

다른
관점

사사기 5장 1-31절

4장 마지막에서는 가나안 왕 야빈이 "진멸"을 당한다. 그 후 곧 주기의 마지막 단계인 평화가 이루어질 것 같지만, 5장 31절에 이르러서 이루어진다. 그 전에 먼저 같은 사건들을 다른 각도로 조명한다.

사사기 5장 1-31절을 읽으라.

1. 4장과 5장은 어떻게 다른가?

- 방식에 있어서:

- 어조에 있어서:

2. 읽으면서 발견한 차이점이 있는가?

5장이 더 신학적으로 접근한다는 것이 근본적인 차이다. 5장에서는 역사의 배후를 살펴서 하나님의 손이 그 모든 것의 뒤에 있었다고 밝힌다.

여호와의 승리

3. 5장 4-5절에서 여호와를 어떻게 묘사하는가?

4. 왜 "가나안 왕들"은 전쟁에서 이기지 못하고 졌는가?(19-22절)

표면적으로는 바락의 승리였다(4:14-15). 그러나 4장에서는 "여호와께서 … 시스라와 그의 모든 병거와 그의 온 군대를 칼날로 혼란에 빠지게 하시매"라고 말한다. 5장에서는 여호와께서 그것을 어떻게 하셨는지 더 구체적으로 말하고, 바락은 아예 언급되지 않는다!

5. 하나님의 백성이 여기서 배운 교훈은 무엇인가?

여호와의 백성

사사기 5장 13-18절을 다시 읽으라.

6. 드보라, 바락과 싸운 이는 누구인가?

7. 집에 머무른 자는 누구인가?

8. 스불론과 납달리가 특히 칭찬을 받은 이유는 무엇인 가?(18절)

본문을 통하여 얻게 되는 교훈은 하나님께서 반드시 이기 신다는 것이다. 그러므로 하나님을 위해 싸우고 하나님과 함께 싸우고 하나님을 섬기는 것이 복이다.

삶에 대한 올바른 관점 갖기

성경은 사사기 4, 5장을 나란히 둔 후, 삶을 5장의 관점으로 보라고 한다. 세상은 4장으로, 즉 눈으로 보는 대로 산다. 그러나 5장은 믿음으로 살라고 한다. 삶의 사건 속에서나 삶의 어느 부분에서 하나님이 무엇을 하고 계신지 어리둥절할 때가 있더라도 우리는 하나님이 역사하고 계신다는 것을 알고 늘 승리의 찬양을 부를 수 있다.

   그러면 삶이 성공적일 때 자신을 높이거나 힘들 때 절망하는 것을 피할 수 있다. 자신의 삶에 대해 얘기할 때 우리 자신보다 하나님에 대한 이야기가 되어야 한다.

◇ 적용

사사기 5장의 관점으로 우리의 삶을 조명해 보라. 말씀이 주는 자유를 온전히 누리는 시간을 가져라. 만약 자유를 누리지 못할 때 어떤 일이 생길지 생각해 보라.

기도

보는 것이 아니라 믿음으로 살게 해 달라고 간구하라. 성공했을 때만 아니라 힘들 때도 믿음으로 살게 해 달라고 간구하라.

Judges

선지자와
여호와의 사자

사사기 6장 1-24절

본문은 우리가 잘 아는 이야기이다. 하나님이 이스라엘 백성을 적의 손에 넘기신다. 압제당하는 백성이 하나님께 부르짖는다. 그러면 하나님이 구해 주신다. 그러나 이번에는 이전과 같이 되지 않는다.

놀라운 응답
사사기 6장 1-10절을 읽으라.

1. 어떻게 압제가 전보다 더 심했는가?(2-6절)

2. 이스라엘 백성이 부르짖을 때(7절) 하나님은 어떻게 하셨나?(8절) 왜 이것이 놀라운가?

3. 백성에게 무엇이라고 말하나?

- 하나님이 이스라엘에 행하신 일에 대해:

- 이스라엘이 어떻게 반응해야 하는지에 대해:

- 이스라엘이 무엇을 했는지에 대해:

왜 하나님이 구원하시기 전에 먼저 메시지를 보내셨을까? 후회는 회개와 다르다는 것을 이스라엘에게 보여 주기 위함이었다. 그들은 죄의 결과로 압제당하는 것 때문에 부르짖었다. 그러나 죄 자체에 대해서나 하나님과의 관계를 깨뜨린 것에 대해서 애통하지 않았다. 그들은 사랑했던 것을 버리고 이제는 하나님을 사랑하려 하거나 우상을 제거하려 하지 않았다. 그들은 다만 평화가 이루어져서 우상숭배를 계속할 수 있기를 바랐다.

고린도후서 7장 10절을 읽으라.

4. 세상 근심, 즉 후회는 무엇을 주나? 반면에 회개는
   무엇을 주는가?

⌄ 적용

가장 최근에 지은 죄를 떠올려 보라. 죄를 짓고 후회 혹은
회개 중 무엇을 했는가. 죄를 반복하면서 문제만 해결해
달라고 한 것을 회개하라.

소심한 반응

사사기 6장 11-24절을 읽으라.

이 본문에서도 하나님의 은혜가 나타난 것을 놓치지 말라.
백성이 선지자의 메시지에 응답했다는 징후는 없다. 그러
나 여전히 하나님은 천사를 보내서서 사사를 일으키신다.
백성이 하나님께로 돌이키기 전에 하나님이 백성을 구원
하신다! 하나님이 우리를 구원하시는 것은 회개의 결과가
아니다. 하나님이 우리 안에, 우리를 위해 역사하기 시작
하셨기 때문에 우리가 회개할 수 있다.

5. 기드온은 자신을 어떻게 묘사하는가?(15절)

6. 여호와의 사자는 기드온을 어떻게 묘사하는가?(12, 14, 16절)

두 가지 모두 맞다. 기드온의 힘으로는 이스라엘을 구원할 수 없다. 그러나 하나님의 힘을 빌린 기드온은 그분의 목적을 이룰 수 있다. 여호와의 사자는 누구인가? 때로는 여호와의 사자가 말한다고 한다(12, 20절). 어떤 때는 여호와께서 말씀하신다고 한다(14, 16, 18절). 기드온의 반응을 보면, 인간의 모습(13절)을 본 것 같고, 그 다음에는 하나님을 친히 뵌 것 같다(22절). 이 존재는 여호와가 아니기도 하고 여호와이기도 하다! 그는 사람처럼 보이지만 하나님의 능력을 가졌다. 그러므로 이 존재를 아들 하나님으로 볼 수 있다. 그분은 사람들에게 구원과 평화를 주고 싶어 하셨다.

◇ **적용**
오늘 당신의 삶의 어떤 부분에서 여호와를 의지해야할지 생각해 보라.

공동체 안팎의 적,
내면의 적

사사기 6장 25-40절

하나님께서는 용기가 없는 기드온을 다음 사사로 부르셨다. 백성을 구원하기 위해 기드온은 대적을 세 단계로 무찔러야 했다.

첫째 적
사사기 6장 25-32절을 읽으라.

1. 하나님이 기드온에게 헐고 세우라고 하신 것은 무엇인가?(25-26절)

2. 바알 제단의 주인은 누구이며 그것이 왜 놀라운가?

기드온의 아버지는 하나님이 이스라엘을 위해 하신 일을 분명히 아들에게 가르쳤다(13절). 그러면서도 그는 바알과 아세라를 숭배했다. 이와 마찬가지로 이스라엘 백성이 우상들을 숭배하느라 하나님을 예배하지 않은 것이 아니다. 그들은 하나님을 예배하며 우상도 숭배했다. 그것은 백성 중에 있는 적이었다.

이는 사사기 6장의 핵심이다. 우리는 행복하게 교회에 앉아 성경을 읽고 예수님에 관하여 얘기를 하면서도 우상에 지배될 수 있다. 그것을 어떻게 아는가? 만일 누가 우리의 우상들을 위협하면, 우리는 격노한다(30절). 그러나 8-10절에서 하나님이 주신 말씀을 기억하라. 하나님이 원하시는 건 우리 삶에서 문제를 제거하는 것보다, 우리의 심령에서 우상을 제거하는 것이다.

스스로 질문해 보자. 무엇을 내 삶에서 잃어버리면 못 산다고 느끼는가? 나는 무엇을 지키려 광분하는가? 이것은 우리의 우상을 알아보는 좋은 방법이다.

◇ 적용
당신의 우상은 무엇인가? 그 우상을 헐고 삶의 그 영역을 하나님께 드리며, 하나님 안에서 축복과 안전을 찾겠는가?

둘째 적
사사기 6장 33-35절을 읽으라.

3. 이스라엘 주변의 적은 누구인가?(33절)

4. 하나님이 기드온에게 어떻게 힘을 주셨고, 그 결과는 무엇인가?(34절)

셋째 적

사사기 6장 36-40절을 읽으라.

5. 기드온은 여전히 무엇을 확신하지 못하였나?(36절)

기드온의 내면의 적, '의심'이다. 양털이 의미하는 바는 무엇인가? 하나님의 인도가 아니었다. 기드온 시대의 세계관 속에서는 자연의 힘을 신으로 숭배했다. 그래서 기드온은 하나님이 단지 자연의 힘이 아니고, 자연 위에서 다스리는 능력이 있다는 것을 확신하고 싶었다. 기드온은 하나님의 본질을 이해함으로써 굳건한 믿음을 갖고자 했다.

오늘날 우리는 하나님이 아들을 통해 계시하신 것에 따라 산다. 그 계시가 성경에 우리를 위해 기록되어 있다(히 1:1-2). 그러므로 하나님의 약속에 대한 의심이 들 때 이제는 "양털을 두지" 말고, 성경을 읽으며, 하나님의 아들을 바라보게 해 달라고 간구하면서 "내가 믿나이다 나의 믿음 없는 것을 도와주소서"라고 기도하라(막 9:24).

◇ 적용

본문을 통해 의심과 결정을 잘 다루도록 어떤 격려와 도전을 받았는지 적어 보라.

Judges

약할 때
강함

사사기 7장 1-23절

본문에서 하나님은 종을 점점 더 약하게 하신다. 왜 하나님께서는 그때나 지금이나 하나님의 대적이 아니라 하나님의 백성을 약하게 하시는 것인지 살펴보자.

적을수록 많다
사사기 7장 1-8a를 읽으라.

미디안이 이스라엘을 7년 동안 두려워 떨게 했다. 이제 기드온의 군대가 미디안 가까이 진을 치고 전쟁을 준비한다. 가공할 적을 무찌르려면 한 명이라도 더 군대로 모아야만 했다.

1. 하나님이 기드온에게 명령하신 것은 무엇인가?

- 3절:

- 4-8절:

이것은 어떤 군사학 교과서에도 없는 조언이다!

2. 왜 하나님께서 군대를 3만 2천 명에서 3백 명으로 줄이라고 하신 것인가?(2절)

우리는 어떤 사람들이 영광과 존귀를 받기에 합당하다고 생각하면서 그 사람들에 대해 자랑하는 경향이 있다.

3. "내 손이 나를 구원하였다"고 생각하면 왜 이스라엘 이 하나님을 "대적하여" 자랑하는 것이 될까?

미디안으로부터이든, 혹은 죄와 사망과 영원한 지옥으로 부터이든, 구원의 공로가 자신에게 있다고 믿는 순간, 우리는 다른 구원자, 다른 찬양받기 합당한 존재를 받아들이려 한다. 만일 이스라엘이 3만 2천 명의 군대로 이겼다면, 그 군대가 구원했다고 믿었을 수 있다. 하나님이 3백 명을 통해 가르치신 교훈이 있다. 승리는 하나님의 것이다.

4. 기드온의 행동(8절)은 하나님의 힘을 믿는 큰 믿음을 어떻게 보여 주는가?

고린도후서 12장 7-10절을 읽으라.

5. 하나님이 바울에게 어떻게 하셨는가? 왜 그러셨는가?

바울은 말한다. "내가 얼마나 약한지 봐. 그러므로 하나님이 다 하셨다는 것이 분명해. 하나님은 강하셔서 나같이 약한 사람을 통해서도 역사하실 수 있어! 하나님을 찬양합니다!"

승리의 선포
사사기 7장 8b-15절을 읽으라.

6. 하나님이 기드온에게 어떤 방식으로 확신을 주셨는가?

하나님의 능력과 약속을 다시 한 번 확신하면 무슨 일이 일어나는지 보았다(15절). 우리는 하나님을 찬양하고 예배하며 전폭적인 순종으로 나아갈 것이다.

승리의 실현

사사기 7장 16-23절을 읽으라.

7. 기드온과 3백 명의 군대가 얼마나 많은 적군을 죽였
   는가?

이 승리는 분명히 하나님이 주신 것이었고, 연약한 이스라
엘을 통해 이루어졌다!

기도

아버지, 제가 강해지거나 영광을 얻기를 바라지 않게 하소서. 오히
려 저의 약함을 받아들이게 하셔서 저를 통해 아버지의 힘을 보여
주시고 아버지를 찬양하게 하소서. 약함 중에 어떻게 순종할지 보여
주시고 아버지의 위대하심을 나타내소서. 아멘.

Judges

Day 32

성공의
위험

사사기 7장 24절 – 8장 31절

앞서 모든 사사의 주기는 평화로 막을 내렸다. 이어서 사사가 죽음을 맞이했다. 그러나 기드온의 경우에는 조금 달랐다. 앞으로 보겠지만, 기드온이 "3백 명의 교훈"을 명심하지 않았기 때문이다. 그러나 하나님은 그 교훈을 그와 백성에게 가르쳐 주고 싶어 하셨다.

　3백 명의 교훈을 기억하라. 승리를 주시는 분은 하나님이시다. 그러므로 모든 존귀와 영광과 찬양을 받기 합당한 분은 하나님이다.

지파
사사기 7장 24절 – 8장 3절을 읽으라.

기드온이 에브라임 지파에게 미디안을 진멸하는 일을 도와달라고 부탁한다(7:24-25).

　1. 왜 에브라임 지파는 화가 났는가?(8:1)

에브라임 지파는 승리의 영광을 같이 누리지 못하자 기드온을 비난한다. 그러나 사실 그 영광은 어느 사람의 것이 아닌, 오직 하나님의 것이다! "이스라엘이 나를 거슬러 스스로 자랑하기를" 좋아한다는 하나님의 우려가 입증된 순간이었다.

성읍들

사사기 8장 4-21절을 읽으라.

 2. 기드온이 이스라엘의 두 성읍, 숙곳과 브누엘에게 이스라엘 군대가 지쳤으니 도와달라고 했을 때 돌아온 대답은 무엇인가?(6, 8절)

그들은 기드온이 아직 미디안의 왕들을 붙잡지 못했기 때문에(5절) 만일 기드온이 미디안을 진멸하지 않으면 적이 전열을 가다듬고 돌아와서 기드온을 도운 성읍들을 멸할 수 있다는 것을 알았다. 그들도 기드온 3백 명의 교훈을 배우지 못했다. 하나님이 반드시 이기신다는 것을 알지 못했다.

사사

 3. 기드온이 그 성읍들에게 어떻게 대답하는가?(7, 9절)

 4. 기드온이 미디안의 왕들을 붙잡은 후, 그 성읍들에 어떻게 하는가?(13-17절)

기드온은 왜 폭력적인가? 그 성읍들이 기드온을 존경하지 않는다고 느꼈기 때문이다. 기드온이 그렇게 분노한 것을 보면 영광 받으셔야 할 분은 하나님이지 자신이 아니라는 것을 잊고 있었던 것이 분명하다. 기드온은 승리하고 돌아와서 어떻게 해 주겠다고 말한다(9절). 그때 기드온은 불신하는 성읍들에게 이렇게 말하지 않았다. "그래, 나는 약해. 그러나 하나님은 강하셔. 그러니 나를 믿지 말고 하나님을 믿어서 이 일에 동참해 줘!" 그것이 아니라 오히려 기드온은 이렇게 말했다. "너희가 감히 나를 의심해? 내가 돌아와서 내 힘을 보여 주겠어. 그제야 비로소 너희가 나를 존경할 거야."

◇ 적용

기드온의 명예욕과 무시당한 데 대한 분노는 성공이 기드온에게 오히려 해로웠다는 것을 보여 준다. 마찬가지로 우리 마음도 우리가 칭찬과 영광을 받을만하다고 믿고 싶어 한다. 마땅히 받아야 할 인정을 받지 못해 속상했던 적을 떠올려 보라. 그때의 마음을 나눠 보라. 삶의 어떤 영역에서 성공했다고 느끼는가. 이 성공이 영적으로 해로운 이유를 생각해 보라.

기도

자신의 영광을 추구하지 말아야 한다는 것을 기억하는 좋은 방법은 하나님께 영광을 돌리는 것이다! 에베소서 2장 8-10절을 읽고 하나님을 찬양하는 데 힘을 쏟아라.

문제가 있는 평화

앞에서 보았듯이, 성공은 독이 든 잔이다. 평화도 그렇다.

사사기 8장 22-31절을 읽으라.

누가 다스리는가

5. 이스라엘은 기드온이 무엇이 되기를 바라는가? 왜 그런가?(22절)

6. 백성은 왜 3백 명의 교훈을 잊었는가?

하나님은 사사들을 임명하여 이스라엘 백성을 이끌게 하
셨다. 그러나 만일 기드온이 백성의 제안을 수락했다면,
백성이 임명한 왕이 이스라엘에 생겼을 것이고, 그 왕이
통치한 후 왕권이 그 가문에 계승되었을 것이다. 왕은 부
유하고 큰 영향력을 휘두르고 권력 기반이 되는 대가족을
거느렸다. 백성은 하나님이 아니라 사람에게 다스림 받기
를 원했고, 기드온은 그것을 알았다(23절).

7. 어떻게, 왜 오늘날의 그리스도인들은 때로 교계 리
더가 하나님의 자리를 차지하게 허락하는가?

누가 진짜 다스리나
기드온이 하나님이 누구시며 자신이 누구인지 기억한 것
이 23절로 끝나서 슬프다. 거기서 기드온은 "하나님이 너
희를 다스리시므로 내가 너희를 다스리지 않겠다. 하나님
만이 존귀와 영광과 영향력을 가지시기에 합당하시다"고
했다.

8. 그러나 24-27, 29-31절의 기드온의 행동은 어떻게
말과 완전히 다른가?

9. 이 모든 것이 이스라엘에 어떤 영향을 미치나?(27절)

하나님은 대제사장에게 가슴에 붙이는 에봇 흉배를 입으라고(27절) 말씀하셨다. 성막은 하나님이 백성 중에 거하시는 장막이다(출 28:29-30). 에봇에는 우림과 둠밈이라는 두 돌이 있었다. 그것은 하나님의 인도를 구하고 하나님의 결정을 받는 데 사용되었다. 그 당시에 성막은 실로에 있었다(삿 18:31).

10. 왜 기드온은 자신이 사는 성읍에 제2의 에봇을 만들었는가?

분명 기드온은 하나님이 왕이심을 알았기에 왕의 자리를 거절했었다. 그런데 지금 기드온은 도리어 왕처럼 행동한다. 기드온이 머리로는 알았지만 정말 마음까지 그렇게 생각하지 않았기 때문이다. 기드온은 진리를 알았지만 삶으로 살아내지 못했다.

성공하고 평화로울 때 위험에 빠지기 쉽다. 힘들고 약할 때는 하나님이 필요하다는 것을 안다. 그러나 형통할 때는 사람을 바라보고 자신의 영광을 의지하며 구하기 쉽다.

기도

하나님이 통치자, 구원자이신 것에 감사하라. 하나님 말고 다른 데서 축복을 구하거나 영광을 구하지 않게 해 달라고 간구하라. 하나님이 내 삶에 바라시는 것과 실제 내 삶에 있어 다른 부분이 무엇인지 기도하라.

Judges

Day 33

지금은 하나님이
어떻게 심판하시나

사사기 8장 29절 - 10장 5절

기드온의 사사 활동은 사사기의 일반적인 주기와 다르다. 기드온 다음의 통치자는 아예 사사가 아니었다.

사사기 8장 29절 - 9장 57절을 읽으라.

가짜 사사

1. 세겜 주민들은 왜 아비멜렉을 리더로 선택했나?(9:2-3)

2. 아비멜렉은 어떻게 권력을 얻게 되었나?(4-5절)

그는 아버지 기드온에게서 온갖 잘못된 교훈을 배웠다. 아비멜렉은 사람들을 돕기 위해서가 아니라, 자신의 영광을 위해 권력을 원했다. 그는 평화가 아니라 죽음을 가져왔다. 그는 하나님이 왕이시라고 고백하는 척도 하지 않고, 버젓이 하나님의 자리를 차지하고 왕관을 썼다.

몰락

3. 인간적으로 말해서, 아비멜렉의 몰락을 초래한 것은 무엇인가?(26-55절)

4. 23-24, 56-57절에 따르면 "배후에서" 무슨 일이 일어나고 있었는가?

하나님이 침묵하시지만 부재하신 것은 아니다. 겉으로는 일반적인 사건들이 연속되는 것으로 보였지만, 그 가운데 하나님의 심판이 계속되었다. 바울이 말하듯이, "하나님의 진노가 불의로 진리를 막는 사람들의 모든 경건하지 않음과 불의에 대하여 하늘로부터 나타"난다(롬 1:18). 이 장은 하나님이 심판하신다는 진리에 대해 세 가지를 말해 준다.

- 심판은 보이지 않게 임한다. 그 당시 사람들은 아무도 하나님이 보내신 악한 영을 보지 못했을 것이다.
- 심판은 기다린 후 임한다. 요담의 경고 후 심판이 시작되기까지 3년이 걸렸다(22-23절).
- 심판은 인간 죄의 작용으로 임한다. 세겜과 아비멜렉의 가장 큰 죄가 몰락으로 이어졌다. 하나님의 심판은 사람들이 죄의 결과를 당하게 두시는 것이다.

5. 하나님이 지금도 심판하고 계신다는 사실과 심판의
   방식이 어떻게 우리에게 격려와 겸손을 주는가?

구원

사사기 10장 1-5절을 읽으라.

6. 돌라가 이스라엘을 무엇으로부터 구원했는가?

무엇으로부터 구원했는지 본문에서 말해 주지 않는다. 다른 사사들은 이스라엘을 외부인으로부터 구원했지만, 돌라는 이스라엘을 자신으로부터 구원해야 했다. 즉 9장에 나오는 죄와 그 결과로부터 이스라엘을 구원해야 했다. 기드온의 말년과 아비멜렉의 전 생애는 궁극적으로 하나님 백성의 가장 큰 문제는 자신이라는 것을 보여 준다. 그러므로 우리가 가장 절실히 받아야하는 구원은 외부가 아니라 우리 안에 있는 죄로부터의 구원이다.

기도

디도서 3장 3–5절을 읽으라. 하나님의 은혜로 나를 구원하시고 새롭게 하셔서 하나님의 형상이 되게 하신 것에 감사하라. 늘 하나님의 통치 아래 살며 하나님을 공경하고 누리게 해 달라고 간구하라.

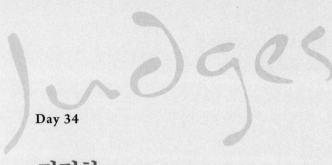

Day 34

진정한
회개인가?

사사기 10장 6절 - 11장 11절

입다에 초점을 맞추는 다음 이야기에서 이스라엘 역사의 주기가 반복된다.

- 백성이 반역함
- 하나님이 진노하심
- 대적이 압제
- 백성의 회개
- 택하신 사사를 통한 구원
- 평화
- 사사의 죽음

사사기 10장 6-10절을 읽으라.

   1. 사사기 주기의 1-4단계가 어떻게 나타나는가?

2. 우리가 예상하는 다음 단계는 무엇인가?

반전

사사기 10장 11-16절을 읽으라.

3. 하나님이 어떻게 응답하시는가?(11-14절) 하나님이
    말씀하시는 요지는 무엇인가?

이스라엘 자손은 그 요지를 알아들었다. 이스라엘 자손이
15절에서 요청한 것은 10절과 다르다. 이제 그들은 "주께
서 보시기에 좋은 대로 우리에게 행하시옵소서. 그래도 자
비를 베풀어 주셨으면 좋겠습니다"라고 했다. 앞의 9-10절
에서 이스라엘 자손은 단지 괴로움에서 벗어나려고만 했
다. 그러나 이제 그들은 괴로움과 상관없이 하나님과의 관
계를 원했다. 단지 하나님이 주시는 어떤 것이 아니라, 하
나님을 원했다.

4. 16a절은 이스라엘이 정말로 변화되었다는 것을 어
    떻게 보여 주는가?

⊘ **적용**

단지 표면적인 회개가 아니라 깊은 회개가 이루어졌다. 진
정한 회개의 두 가지 징표가 있다.

- 단지 죄의 결과에 대해서만 아니라, 죄 자체에 대한 슬픔
- 단지 행동만 변화되는 것이 아니라, 우상숭배적 동기에 대한 슬픔

한 주 동안 지은 죄를 돌아보라. 어떤 우상을 숭배했으며 회개했는지 생각해 보라. 완전하신 하나님을 묵상하며 그 무엇보다 하나님을 사랑하기로 결단하라.

잡류의 우두머리
사사기 10장 17절 - 11장 11절

5. 입다는 어떤 면에서 구원자 같아 보이지 않는가?(11:1-3)

백성이 하나님께 한 것처럼 입다에게도 한 것을 보라. 백성은 입다를 거절했으면서도(2절) 입다가 도와줄 것이라고 생각했다(5-6절). 백성은 입다가 구해 줄 것을 바라면서도 입다가 그들의 머리가 되어 다스리는 것은 바라지 않았다(6절). 그러자 하나님이 그러셨듯이, 입다도 백성이 더 겸손히 요청하게 만들고 구원과 더불어 입다의 통치까지 받아들이게 했다.
　모든 사사들은 예수님을 예표한다. 예수님을 거절하는 자는 하나님을 거절하는 것이다. 아무리 자신이 하나님을 알거나 공경한다고 주장하더라도 말이다. 예수님께 구원받은 사람이라면 또한 예수님을 통치자로 모실 것이다.

Judges

칼을 쓰기 전에
먼저 펜을 들다

사사기 11장 12-29절

이스라엘이 하나님께로 돌아왔고 하나님은 사사 입다를 보내셨다. 그러나 이스라엘은 즉시 이스라엘의 대적들과 싸우지 않았다. 입다는 평화롭게 해결하려고 암몬 왕에게 묻는다. "네가 나와 무슨 상관이 있기에 내 땅을 치러 내게 왔느냐"(12절). 암몬 왕의 대답이 13절에 나온다. 이스라엘이 지금 거주하는 땅이 전에 암몬 땅이었으므로 이스라엘이 "그것을 평화롭게 돌려"주어야 한다는 것이었다.

3가지 논증
사사기 11장 12-29절을 읽으라.

15-22절은 역사적 논증이다.

   1. 논쟁의 대상이 된 땅을 이스라엘이 누구로부터 어떻게 얻었는가?(19-22절)

암몬(영어로는 '아모리'와 이름이 비슷하지만 다른 족속)은 그 땅에 거주한 적이 없었다!

다음으로 입다는 신학적 논증을 한다(23-24절).

    2. 23절에서 입다가 말하는 요지는 무엇인가?

    3. 암몬은 어떻게 해야 하는가?(24절)

이것을 두 가지로 해석할 수 있다. 하나는 입다가 암몬 족속의 이교적 세계관에 맞추어 말하고 있다는 것이다. 그것은 각 나라의 "신"이 그 나라에 땅을 준다는 세계관이다. 물론 입다는 그것이 틀렸다는 것을 알았다. 만물의 주관자는 여호와이시기 때문이다. 다른 해석은 입다가 그런 세계관을 받아들였다는 것이다. 그리고 입다가 여호와에 대해 잘 몰라서 여호와를 많은 신들 중의 하나로 여겼다는 것이다.

    또, 입다는 법적 논증을 한다(25-27절). 즉 이스라엘이 그 땅을 차지할 당시에 아무도 이의를 제기하지 않았다는 것이다.

반응

세 가지 논증 모두가 잘못은 이스라엘이 아니라 암몬에 있다는 것을 입증한다.

    4. 암몬 왕은 어떻게 반응하는가?(28절)

    5. 하나님은 암몬 왕에게 어떻게 반응하시는가?(29절)

외교적 방안을 모두 강구해 본 후에 전쟁이 불가피해졌다. 그러나 입다가 칼을 쓰기 전에 먼저 펜을 들었다는 것이 중요하다. 우리는 진실을 말하고 평화를 추구해야 한다. 그렇게 해서 목적이 달성되지 않더라도 말이다. 그런 면에서 입다는 우리에게 더 위대한 리더 예수님을 예표한다.

베드로전서 2장 21-25절을 읽으라.

우리가 따르는 구원자 예수님께서는 진리가 조롱당하고 의가 무시당해도 굴하지 않으셨다. 부당한 비난에 직면하는 모범을 입다는 부분적으로 보여 주었고 그리스도께서는 완전하게 보여 주셨다.

◇ 적용

부당한 비난과 비판을 당할 때 어떤 반응을 보였는지 생각해 보라. 입다와 예수님의 모습을 본 후 어떻게 반응이 달라져야 할지 생각해 보라.

Judges

Day 36

서원, 죽음,
전쟁

사사기 11장 29절 - 12장 15절

하나님의 영이 입다에게 임하셨으니(29절) 이미 전쟁의 결과는 분명하다. 그러나 이를 모른 입다는 비극을 초래한다.

끔찍한 서원
사사기 11장 29-33절을 읽으라.

  1. 입다가 무엇을 약속하였나?(30-31절)

  2. 왜 그것은 제안할 필요가 없는 불필요한 "거래"였나?

여호와께서 완전한 승리를 주셨다(32-33절). 이제 평화가 임해야 한다. 그러나 반전이 등장한다.

끔찍한 죽음
사사기 11장 34-40절을 읽으라.

끔찍한 이야기다. 많은 사람들이 입다가 하나님께 동물 제사를 약속했던 것이라고 생각한다. 그러나 여기에 사용된 명사는 동물에 대해 사용하기에 적합한 형태가 아니다. 그리고 만일 입다가 집에서 나오는 첫 번째 동물을 바치겠다고 약속했던 것이라면, 딸을 제물로 바쳐야 한다는 생각이 들지 않았을 것이다. 그러므로 입다는 인간을 제물로 바치겠다고 약속했던 것이다.

왜 입다가 그런 서원을 하고 지켰는가? 분명 하나님은 인신 제사를 싫어하신다(신 12:31). 아마도 그는 잔인한 주변 세상의 영향으로 폭력에 둔감해져 있었던 것 같다. 입다는 세상의 압박에 짓눌려 변해 있었을 것이다. 또, 인신 제사는 이교에서 신을 "매수"하는 방법이었다. 입다는 하나님께 잘 보이기 위해서는 과한 "선물"을 바쳐야 한다고 생각했던 것 같다. 비극은 하나님이 이미 죄악된 하나님의 백성을 구원하려 역사하고 계셨고(10:16) 입다가 구원하도록 입다에게 능력을 부으셨지만(11:29) 입다가 몰랐다는 사실이다.

◇ 적용
입다는 자신도 모르는 사이에 성경보다 세상 문화에 귀 기울이고 있었다. 그래서 하나님을 잘 몰랐다. 우리는 입다가 그랬다는 것은 잘 알지만, 우리도 그렇다는 것은 잘 모른다. 우리는 스스로 두 가지 질문을 해 보아야 한다.

- 꾸준히 겸손하게 성경을 읽으며 하나님께 나의 맹점을 보여 달라고 간구하는가?

- 하나님이 나를 사랑하고 축복하는 데 온전히 헌신하신다는 것을 정말로 믿는다면 나는 어떻게 더 헌신하고 평강을 누리며 살게 될까?

끔찍한 전쟁
사사기 12장 1-15절을 읽으라.

입다는 외부인에게는 외교적으로 처신했지만(11:14-28), 하나님의 백성 중에서 자신에게 반대하는 자들은 주저하지 않고 공격했다. 입다는 세상보다 하나님의 백성에게 훨씬 더 가혹했다.

⊙ 적용
- 주변의 그리스도인들을 어떻게 판단하는가?
- 교회의 누군가를 용서하기를 거부하면서 마음속에서 그 사람을 무시하고 멀리하는가?
- 진정한 믿음은 당신에게 어떤 도전을 주는가?

Judges

삼손의
탄생

사사기 13장 1-7절

삼손은 사사기의 마지막 사사이며 머리카락이 길고 힘이 센 것으로 유명하다. 그러나 사실 삼손의 이야기는 그보다 훨씬 더 깊고 흥미롭다.

죄란 무엇인가
사사기 13장 1-7절을 읽으라.

1. 본문에서 이스라엘 자손은 어떠했는가?(1절)

이 구절이 사사기에 반복된다(2:11, 10:6). 아마도 이스라엘 백성은 많은 악을 행하면서도 그것이 악하다고 여기지 않았을 것이다. 그러나 하나님이 보시기에 그들의 행동은 악했다.

2. 본문은 죄가 무엇인지에 대해 무엇을 가르쳐 주는가?

3. 본문은 죄의 위험성에 대해 무엇을 가르쳐 주는가?

죄의 핵심은 우상숭배이고, 우상은 기만한다. 우상은 우상숭배를 하는 것이 타당하고 합리적이고 지혜롭다고 말한다. 우리 사회도 그렇게 말한다. 그러나 사실 그것은 창조주 하나님이 보시기에 악을 행하는 것이다.

⊘ 적용
하나님의 눈이 유일하게 중요하다는 사실이 주는 자유를 아는가. 하나님의 눈이 나와 타인의 눈보다 중요하다는 진리를 삶에 적용해 보라.

하나님은 어떻게 역사하시는가
4. 여호와의 사자가 무엇을 약속했는가?(3절) 왜 그것은 인간적으로 불가능한가?(2절)

5. 여호와의 사자는 그 아이의 삶에 대하여 어떤 말을 했는가?

나실인 서원의 목적이 민수기 6장 1-21절에 나온다. 그것은 중요한 시기에 하나님의 특별한 도움을 구하는 것이었다. 그것은 간절히 집중하여 하나님만 바라보겠다는 것을 나타냈다. 일반적으로, 그 서원은 자발적으로 한정된 시간 동안 드려졌다.

6. 본문의 나실인의 서원은 어떻게 달랐는가?

이는 특별한 출생이었다. 불가능한 탄생이었기 때문이다. 그것은 약 1천 년 후에 있을 모든 탄생 중에 가장 특별한 탄생을 예표했다. 그러나 삼손의 탄생과 비슷한 것은 예수님만이 아니다. 하나님은 불임 여성을 통해 이삭, 사무엘, 세례 요한을 이 세상에 태어나게 하셨다(창 11:30, 21:1-3, 삼상 1:5-7, 19-20, 눅 1:7, 11-17). 하나님은 인간적으로 존재할 수 없었던 아이를 통해 자주 역사하셨다. 그것을 통해 하나님은 구원 역사는 인간이 주관할 수 있는 것이 아님을 보여 주신다. 하나님만이 "죽은 자를 살리시며 없는 것을 있는 것으로 부르시는" 분이시다(롬 4:17).

⊘ 적용
하나님이 누구시며 어떻게 역사하시는지를 아는 것이 어떤 용기와 위로를 주는지 생각해 보라.

Day 38

규칙보다
나은 것

사사기 13장 6-25절

하나님이 잉태시켜 주셔서 장차 하나님의 백성을 구원하는 도구가 될 아이를 어떻게 키워야 할 것인지 살펴보자.

우리에게 규칙을 주소서
사사기 13장 6-8절을 읽으라.

　1. 왜 마노아는 하나님의 사자가 다시 나타나기를 바랐는가?(8절)

이를 믿음이 없어서라고 보는 사람도 있다. 그러나 마노아는 약속이 이루어질 것을 믿었다. 마노아의 요청은 아이가 태어날 것이라는 증거를 요구한 것이 아니라, 아이를 어

144

떻게 키울지 알려 달라는 것이었다.

사사기 13장 9-18절을 읽으라.

천사가 다시 나타나자 마노아는 장차 아들의 삶의 "규
칙"(NIV)이 무엇이어야 하며 "이 아이를 어떻게 기르며 그
에게 어떻게 행하리이까"라고 묻는다(12절).

   2. 마노아는 어떤 정보를 더 얻었는가? (14절)

당시에는 어떤 사람과 같이 식사를 하거나 그 사람의 이름
을 아는 것은 관계를 형성하는 일이었고 관계가 형성되면
두 사람은 서로에 대한 의무를 갖는다. 여전히 마노아는
아들을 어떻게 길러야 할지에 대한 더 자세한 규칙을 여호
와의 사자를 통해 듣고 싶었다.

   3. 여호와의 사자는 마노아의 그런 시도 앞에서 뭐라고
      말하는가?(16, 18절)

마노아가 아무리 애써도, 여호와의 사자는 마노아가 원하
는 규칙을 말해 주지 않았다.

규칙보다 나은 것
사사기 13장 19-25절을 읽으라.

마노아에게 말해 줄 것이 없는데 여호와의 사자가 왜 다시 나타났을까? 마노아가 도움을 요청했지만, 그 요청은 거절당했다. 그러나 사실 마노아는 필요한 도움을 받았다. 다만 마노아가 구한 형태의 도움이 아니었을 뿐이다. 마노아는 "규칙"(12절, NIV), 규정을 원했다. 그러나 마노아는 얻지 못했다.

4. 그 대신 여호와의 사자는 무엇을 했는가?(19-20절)

아마도 이때 여호와의 사자는 하나님의 아들이었을 것이다. 하나님이 마노아에게 하나님의 위대하심과 경이로우심을 잊지 못하도록 경험시켜 주셨다. 그리고 마노아 부부가 하나님의 임재 앞에 죽지 않은(22-23절) 것으로 하나님의 선하심을 보여 주었다.

마노아는 규칙을 받지 못했지만, 대신 하나님을 받았다. 이것은 우리 모두에게 주시는 메시지다. 우리는 규칙이 필요하다고 생각하지만, 사실 우리는 하나님을 알아야 한다. 하나님은 우리에게 모든 상황, 의심, 결정에 대한 지침을 주지 않으신다. 하나님은 우리에게 일일이 지시하지 않으시고, (마노아와 달리) 우리에게는 여호와의 사자가 나타나지 않는다. 그러나 성령을 통해 하나님이 우리와 함께하신다.

◎ 적용

당신이 살아 계신 하나님과의 관계를 즐기지 못한다면 그 이유는 다음과 같다.

- 하나님의 "규칙"을 억지로 지키기 때문이다.
- 하나님이 규칙을 주시기만 바라기 때문이다.

당신이 하나님을 아는 것에 감사하라.

Judges

사랑과
전쟁

사사기 14장 1-20절

삼손의 이야기에는 성, 폭력, 죽음, 권력이 난무한다. 한여름 액션 영화의 전형이다.

아내 얻기
사사기 14장 1-4절을 읽으라.

1. 삼손이 결혼하고 싶어 하는 여자는 어떻게 묘사되는가?(1-2절)

2. 왜 삼손의 부모는 그 결혼을 원하지 않았는가?(3절)

문제는 다른 종족과의 결혼이 아니라, 믿음이 다른 사람과 결혼하는 것이었다. 이스라엘은 하나님을 모르는 족속들과 동맹을 맺거나 통혼하지 말아야 했다(출 34:15-16). 그러면 하나님의 백성이 "모든 신을 음란하게 섬기게" 된다는 것을 하나님이 아셨기 때문이다.

블레셋과 싸워야 할 사람이(삿 13:5) 오히려 블레셋과 통혼했다. 삼손은 이스라엘의 영적 상태를 보여 주는 리더였다. 그는 충동적이고 고집불통이며 블레셋의 가치관과 세계관을 받아들였다.

3. 과거에 나와 교회는 삶에서 중요한 것이 무엇인지에 대한 주변 문화의 관점을 어떤 식으로 받아들였나?

4. 세상 문화처럼 되는 것이 왜 교회와 신자에게 매력적으로 다가오는가?

5. 삼손은 "내가 그 여자를 좋아하오니"라고 주장했다(문자적으로는 "그녀가 내 눈에 맞다", 3b절). 삼손의 부모와 삼손이 몰랐던 것은 무엇인가?(4절)

이 구절은 이야기 전체를 이해하는 열쇠이다. 하나님이 삼손의 약점을 사용하셔서 두 나라가 대치하게 하신다. 이야기가 진행되면서, 사람들 내면의 불경건함이 행동으로 표현됨을 본다. 그러나 하나님은 그 모든 것을 사용하셔서 이스라엘이 블레셋으로부터 해방되게 하신다.

싸움을 시작하다
사사기 14장 5-20절을 읽으라.

나실인 삼손은 죽은 것을 만지거나 술을 마시지 말아야 했다. 만일 그렇게 했다면, 곧장 성막으로 가서 정결함을 받아야 했다.

6. 삼손은 어떻게 나실인의 서원을 무시했는가?

- 5-9절:

- 10절("잔치"는 문자적으로 "술잔치"다):

7. 19절에서 삼손은 하나님이 주신 힘이라는 선물을 어떻게 사용했는가?

이스라엘의 사사가 백성을 구원하기 위해서가 아니라 개인적 빚을 갚으려고 싸웠다.

◇ 적용

하나님께 받은 은사와 선물을 생각해 보고 하나님을 위해 사용하기로 결단하라.

기도

하나님이 결점을 사용하셔서 선을 이루신 적이 있는가? 그 은혜에 감사하라. 약점에도 불구하고, 오늘 하나님의 선한 목적을 위해 사용해 달라고 간구하라.

Judges

Day 40

폭력과
배신

사사기 15장 1-20절

이제 우리는 삼손에 대해 좀 알기 때문에 약혼녀가 다른 남자와 결혼한 것에 대해 삼손이 평화롭게 반응할 리 없다는 것을 안다.

악순환

사사기 15장 1-8절을 읽으라.

1. 이 구절들에서 폭력의 정도가 어떻게 점점 더 심해지는가?

2. 다음 사람들은 어떻게 묘사되는가?

- 블레셋:

- 이스라엘의 사사인 삼손:

이번에도 역시 삼손은 하나님의 대적들과 똑같이 행동했다. 삼손의 반응이나 해결 방법은 대적들과 똑같았다.

누구 편인가
사사기 15장 9-13절을 읽으라.

3. 블레셋이 노리는 것은 무엇인가?(10절)

4. 유다 지파는 누구의 편인가? 왜 그런가?(11절)

유다 지파는 명목상 하나님의 백성이지만, 세상과 함께 평화롭게 살며 세상의 우상을 숭배하려 했고, 거기서 해방되어 자유롭게 하나님을 예배하려 하지 않았다. 그리고 블레셋과 맞서느니 차라리 자신들의 구원자인 삼손을 무너뜨리려 했다.

◇ 적용
오늘날에도 하나님의 백성이 예수님의 통치 아래 살기보다는 세상의 방식으로 사는 게 더 쉽다. 예수님을 위해 살려고 위험을 감수하고 값을 치르는 것보다 예수님께 더 요구하지 말라고 하는 게 훨씬 더 편하다. 지금 삶의 어느 부분에 쉬운 길을 택하라는 압력이 있는지 생각해 보라.

누구의 승리인가?
사사기 15장 14-20절을 읽으라.

5. 왜 삼손은 벗어날 수 있었는가?(14-15절)

6. 삼손은 승리의 공로를 누구에게 돌리는가?(16절)

18절에서 삼손은 그를 택하시고 힘을 주신 하나님께 (처음으로) 요구한다. 그러나 삼손의 기도는 겸손하지도 않고 신실하지도 않았다. 그는 하나님께 도와달라고 요구하고, 하나님이 도와주지 않는다고 불평한다. 이는 터무니없다. 하나님의 성령이 이미 삼손을 사자, 수수께끼 내기, 1천 명의 블레셋인에게서 구해 주셨기 때문이다.

삼손은 하나님의 힘을 사용하면서도 극단적 상황이 아니면 하나님을 의지하지 않는다. 삼손은 흠이 있는 백성을 이끄는 흠이 있는 리더였다. 그러나 놀랍게도 하나님은 "블레셋 사람의 손에서 이스라엘을 구원하기 시작하"려고 늘 역사하고 계신다(13:5).

기도

하나님의 백성이 거역할 때도 하나님이 그들을 위해 역사하시는 것에 감사하라. 하나님의 도움을 볼 수 있는 눈과 찬양하는 마음을 달라고 기도하라. 형통할 때나 그렇지 못할 때나 기도하며 하나님을 의지하게 해 달라고 간구하라.

Day 41

"나"에게
지다

사사기 15장 20절 - 16장 21절

"삼손이 이스라엘의 사사로 이십 년 동안 지냈더라"(15:20). 그러나 그것은 통치가 아니었다. 왜냐하면, 앞의 사사들과 달리, 삼손은 이스라엘을 대적에게서 구하지 않았기 때문이다.

삼손의 전형적인 모습
사사기 15장 20절 - 16장 3절을 읽으라.

본문은 삼손이 어떤 사람인지 요약해 보여 준다. 삼손의 약점은 여자였으며(1절) 그로 인해 매우 위험한 상황에 빠졌다(2절). 그때 삼손은 하나님이 주신 힘으로 자신의 안전을 위해 도망가기에 급급했다(3절). 하나님이 삼손에게 적과 싸우라고 힘을 주실수록, 삼손은 자신이 천하무적이라고 기고만장해서 마음대로 살았다. 삼손의 마음속에서 하나님의 축복은 도리어 하나님을 잊고 순종하지 않는 이유가 되었다.

◇ 적용

당신에게 있어 성공은 어떤 의미이며 왜 위험한 것일 수 있는지 생각해 보라. 성공의 원인을 내가 아닌 하나님께 두기로 결단하라.

몰락

사사기 16장 4-21절을 읽으라.

1. 무엇이 삼손의 몰락을 초래했는가?

2. 왜 들릴라는 삼손을 배신했는가?(5절)

8-9절 후에도 삼손은 왜 들릴라와 함께 있었을까? 아마도 그는 위험한 상황이 주는 스릴을 즐겼던 것 같다. 더 가능성이 높은 것은 들릴라에게서 얻는 것을 너무 간절히 원해서 들릴라의 불순한 동기를 애써 외면하려 했던 것이리라.

이 커플은 서로를 섬기지 않고 이용하는 극단적인 예다. 그들은 서로 "당신을 사랑해서 당신과 함께 있어요"라고 말하지만 속내는 달랐다. 그들은 "당신이 쓸모 있기 때문에 당신과 함께 있어요"라고 생각했을 것이다. 물론 그들은 서로에게 뜨거웠을 것이다. 그러나 그들의 동기는 자신을 상대방에게 내어 주는 것이 아니라 자아 충족이었다. 삼손은 성적 사랑을 얻고 (필시) 위험 상황의 스릴을 즐기려고 들릴라를 이용했을 것이다. 들릴라는 재산과 명성을 얻으려고 삼손을 이용했다.

3. 삼손은 결국 어떻게 되었나?(21절) 이유는 무엇인가?(20절)

문제는 머리카락이 아니었다. 그의 삶에 하나님과 하나님의 관용이 떠난 것이 문제였다. 하나님이 없는 삼손은 아무것도 아니다.

◇ 적용

C. S. 루이스는 "사랑"을 2가지 유형으로 구분했다. "결핍의 사랑은 궁핍함 때문에 부르짖는다. 선물의 사랑은 섬기려 한다. 결핍의 사랑은 여자 혹은 남자에 대해 '나는 그 사람 없이 살 수 없어'라고 하는 반면에 선물의 사랑은 상대방을 행복하게 해 주고 싶어 한다."

당신의 가장 깊은 결핍을 채워 주시는 하나님의 사랑을 경험하지 않으면, 자신을 세우거나 자신의 가치를 입증하려고 다른 사람들을 이용한다.

삼손과 들릴라에게 파괴적으로 나타난 이 진리를 보면서 당신의 인간관계에 대해 도전을 받으라. 그것이 그리스도인인 당신에게 무엇을 일깨워 주는지 생각해 보라.

Judges

죽음과
승리

사사기 16장 22-31절

블레셋의 곡식을 불태웠던 삼손이(15:4-5) 정반대의 연약한 모습으로 블레셋의 곡식을 갈고 있다(16:21). 사사기에서 최초로 하나님이 택하신 사사가 패배했다.

문제는 머리카락이 아니다
사사기 16장 22절을 읽으라.

왜 블레셋 사람들은 삼손의 머리카락이 자라게 두었는가? 서원을 어긴 삼손을 하나님이 다시 축복하시지 않을 것이라고 생각했으리라. 그러나 하나님은 백성의 불순종에 제한되지 않으신다. 하나님의 백성이 무신할 때도 하나님은 약속에 신실하시다.

신실한 기도
사사기 16장 23-31절을 읽으라.

1. 여호와와 블레셋의 신 다곤이 경합을 벌인다. 누가 더 강한가? 이스라엘은 누구를 섬겨야 하는가?

2. 23-25절에서 그 질문들에 대한 답은 무엇인가?

3. 26-30절을 보면 정답은 무엇인가?

마침내 28절에서 삼손은 하나님께 대한 믿음을 보여 준다. 삼손에게 전에 없었던 겸손이 있다. 삼손은 여호와께서 주권자이심을 깨닫고, 자신에게 힘을 주시는 하나님을 의지해야 한다는 것을 인정한다. 이제 삼손은 하나님이 주신 힘을 사용해 자신을 구원하는 것이 아니라, 하나님이 주신 역할을 수행하며 죽을 준비를 한다(30절).

◇ 적용
우리가 해야 할 일을 하는 것은 오직 하나님의 은혜 때문이다. 그 은혜를 주신 것은 하나님이 기뻐하시는 일을 하라는 것이다.
    은혜와 맡겨진 일에 대하여 언제 가장 잊기 쉬운지 생각해 보라. 은혜와 사명을 잊지 않기 위해 무엇을 해야 할지 적어 보라.

예수님의 예표
하나님의 사사가 백성을 해방하려고 죽는 것은 하나님 아들의 죽음을 예표한다.
삼손과 예수님 모두 공통점이 있었다.

- 가까운 사람에게 배신당했다.
- 이방인 압제자들에게 넘겨졌다.
- 고문당하고 결박당했다.
- 사람들 앞에서 뭔가 해 보라고 요구받았다.
- 팔을 벌리고 죽었다.
- 적(다곤, 사탄)에게 완전히 진 것 같았지만, 죽음으로 원수를 무찌르고, 하나님의 백성을 압제하는 원수의 세력을 꺾었다.

그러나 두 가지 중요한 차이점이 있다.

- 삼손은 자신의 반복적인 불순종 때문에 다곤의 신전에 끌려갔다. 예수님은 자신의 완전한 순종과 우리의 반복적 불순종 때문에 십자가에 달리셨다.
- 삼손의 죽음으로 해방이 시작되었다(13:5). 예수님의 죽음으로 해방이 "단번에 영원히" 이루어졌고 궁극적 구원이 이루어졌다(벧전 3:18, 히 10:10 참조).

기도

예수님의 죽음과 삼손의 죽음의 유사점과 차이점을 생각하는 시간을 갖고, 위대한 구원을 주신 하나님을 찬양하라.

내 마음대로
만든 종교

사사기 17장 1-12절

어떤 면에서 삼손의 끝이 사사기 이야기의 끝이다. 그러나 네 장이 더 있다! 마지막 장들은 앞의 이야기 구조와 다르다. 그리고 이스라엘이 하나님을 거절한 기간 동안에 사람들의 삶이 어땠는지 보여 주는 자세한 일화들을 담고 있다. 그것은 암울한 모습이다.

만들어 내다
사사기 17장 1-2절을 읽으라.

1. 미가는 어떤 사람인가?

2. 미가의 어머니는 어떤 사람인가?

최소한 미가의 어머니는 여호와께서 복을 주신다고 말했다. 이 가정은 이스라엘의 하나님을 예배한다.

사사기 17장 3-12절을 읽으라.

3. 미가의 어머니는 돌려받은 은으로 무엇을 하기로 결정했나?(3절)

4. 미가의 어머니는 그 목적에 은을 얼마나 사용했나?(4절)

5. 그 다음에 미가는 무엇을 했는가?(5, 7-12절)

하나님은 백성에게 형상을 숭배하지 말라고 하셨다(출 20:4-5). 하나님이 자기 백성에게 전심으로 희생하시듯이 하나님의 백성도 하나님께 전심으로 헌신하라고 말씀하셨다(출 19:3-6). 그리고 성막에서 하나님을 만나고 제사를 드리라고 하셨다. 그때는 성막이 실로에 있었다(삿 18:31). 하나님은 레위 지파만이 제사장이 되어 특정 성읍들에 있어야 한다고 하셨다.

6. 6절 끝부분이 미가의 종교를 어떻게 잘 요약해 주는가?

형상의 문제

형상을 예배할 때의 진짜 문제는 하나님의 모습을 내 마음대로 만들고 고치는 것, 그래서 우리 삶에서 하나님이 "하나님 되시게" 하기를 거부하는 것이다. 그러므로 우리가 "나는 하나님을 ~라고 생각해"라고 하거나 "나는 ~한 하나님은 믿을 수 없어"라고 한다면, 하나님의 왜곡된 형상을 예배하는 것이다. 가장 미묘한 오류는 하나님의 계시가 삶에 어떻게 적용되는지 생각하지 않는 것이다.

왜 이것이 큰 문제인가? 그것은 하나님과 참으로 인격적인 관계를 갖지 못하게 하기 때문이다. 인격적인 관계 속에서는 상대방이 당신과 의견이 다를 수 있고 당신을 화나게 할 수도 있고 당신에게 요구할 수도 있다. 당신은 씨름해야 한다. 그런데 우리가 하나님의 "형상을 마음대로 상상해서 다시 만든다면" 진짜 하나님을 훨씬 더 편리하지만 존재하지 않는 가짜와 바꾸는 것이다.

◯ 적용

당신은 어떤 식으로 미가와 그 어머니와 같은 잘못을 저지르려는 유혹을 받는가?

- 당신은 어떤 하나님을 만들어 내는가?

- 삶 전체에서 온전히 헌신하지 않고 삶의 일부분에서만 하나님을 섬기는가?

- 하나님이 시키신 예배의 방식을 따르지 않는가?

Judges

Day 44

이렇게 살면
안 된다

사사기 17장 13절 - 18장 31절

이제 미가는 자기 마음대로 만들어 낸 종교의 틀을 갖추었다. 그것은 신전, 형상, 레위인 제사장으로 이루어졌다.

사사기 17장 13절을 읽으라.

   1. 그의 종교 활동의 목표는 무엇인가?

단 지파 이야기
사사기 18장 1-26절을 읽으라.

   2. 왜 단 지파는 거주할 기업의 땅이 없었나?(1절)

단 지파가 처한 상황은 그들이 하나님을 신뢰하고 땅을 차지하지 않아서 "산지로 몰아넣"어져 있었기 때문이었다(1:34). 그들은 하나님이 말씀하신 것을 듣지 않고 우상숭배 신전에서 일하는 다른 종교의 레위인에게 인도를 구하며 하나님이 축복하시는지 판단해 달라고 하고서(18:15) 땅을 정복하러 떠난다(11-12절). 단 지파가 하나님께 접근하는 방법은 미가와 매우 비슷하다.

빈손이 되다

3. 단 지파가 미가의 집에서 무엇을 가져가나?(14-21절)

4. 미가는 어떻게 반응하나?(22-24절)

미가가 가진 모든 것은 빼앗길 수 있는 것이었다. 미가는 그 외에 다른 것이 아무것도 없었다. 미가가 의지했던 모든 것이 사라졌고, 미가는 그것을 되찾지 못했다(25-26절).

자신이 만들어 낸 종교는 결국 실망만 안겨 준다. 우리가 만드는 신은 결코 구원해 주지 못한다. 직업을 신으로 삼은 사람은 결국 더 유능한 사람이 축복의 길을 막는 것을 볼 것이다. 외모를 신으로 삼는 사람에게는 세월이 강한 적이다. 궁극적으로 죽음이 축복을 바라며 섬겼던 모든 거짓 신들을 제거할 것이다.

모든 사람은 뭘 예배하든 예배자다. 그러나 우리가 결코 빼앗길 수 없는 단 한 분이 계신다. 그분에 대해 우리는 베드로와 함께 "영생의 말씀이 주께 있사오니 우리가 누구에게로 가오리이까"라고 말할 수 있다(요 6:68). 우리가 예수님을 예배할 때 축복을 받는다. 그러나 예수님의 축복을 참으로 누리려면 "예수님이 없다면 제게 무엇이 있겠습니까? 예수님이 나의 모든 것이십니다"라고 고백해야 한다.

⊙ 적용

- 예수님이 우리에게 필요한 전부임을 아는 것이 왜 우리를 놀랍도록 자유케 하는가?

- 당신은 예수님을 어떻게 누리겠는가?

- 당신은 무엇을 예수님을 대신하여 예배하는 경향이 있는가?

단 지파의 결말

사사기 18장 27-31절을 읽으라.

이야기는 우울하게 끝난다. 단 지파는 하나님의 백성으로 태어났지만, 이제 하나님의 땅 밖에 살고, 하나님의 말씀을 듣지 않고, 하나님이 명령하신 것에 완전히 어긋나게 하나님을 예배한다.

기도

하나님 아버지, 단 지파의 잘못에 빠지지 않게 하소서. 오늘 하나님을 신뢰하고 음성을 듣고 예배하게 하소서. 아멘.

Judges

한 레위인과
그의 첩

사사기 19장 1절 - 20장 7절

사사기 끝에 있는 두 번째 실화도 매우 어둡고 시종일관 비극적이다. 이스라엘은 이 사건을 매우 수치스러운 일화로 기억한다(호 9:9, 10:9 참조).

기브아의 수치
사사기 19장 1-30절을 읽으라.

19장 1절에서 또 다른 레위인이 소개된다. 그는 첩이 있다. 첩은 성 노예로 두는 낮은 등급의 부인이라고 할 수 있다.

  1. 첩이 무엇을 했는가?(2절)

2. 첩의 아버지가 딸을 레위인에게 돌려 준 것에 대하여 어떻게 생각하는가?(3-10절)

3. 에브라임 사람 노인의 행동을 어떻게 생각하는가?

• 16-21절:

• 22-24절:

4. 기브아에서 첩에게 무슨 일이 일어났는가?(25-28절)

본문에서 레위인은 완전히 무심한 것 같다. 그녀를 내보내고(25절) 아침까지 자고 나서(27절) 동물에게 하듯 그녀에게 말했다(28절). 그런데 왜 그는 그녀의 몸을 잘라 이스라엘 각지로 보냈을까?(29절) 복수하기 위함이었다. 이는 그 여자를 위한 복수가 아닌, 자신의 소유물인 여자를 잃었기 때문이었다. 성경은 이 이야기에서 죄 없는 사람은 아무도 없다고 밝히 보여 준다.

창세기 19장 1-11절을 읽으라.

5. 소돔과 기브아가 어떻게 비슷한가?

소돔은 하나님께 반역하여 마땅히 받아야 할 심판을 받은 구약의 예다.

6. 기브아에서 일어난 사건들은 하나님의 백성이 어떻다는 것을 보여 주는가?

미묘한 조작
사사기 20장 1-7절을 읽으라.

• 레위인은 무슨 일이 일어났는지를 어떻게 고쳐서 자신은 아무 잘못도 없어 보이게 하는가?

이런 일이 하나님의 백성 중에 정말로 일어났다는 것을 기억하는 것이 중요하다. 이들은 우리의 영적 조상이다. 그러므로 그들은 어느 면에서 우리의 모습이기도 하다. 우리도 기브온 사람들과 어느 면에서 (아마도 조금) 비슷한 비밀을 깊이 묻어 두고 있을 수 있다. 또는 레위인처럼 그런 일이 일어나는 것을 막지 못했을 수 있다. 그래서 완전한 진실 말고 조금 더 낫게 이야기를 꾸며서 사람들에게 말했을 것이다. 우리는 때로 "왕이 없"는 것처럼 산다(19:1).

기도
깊이 묻어 둔 비밀을 고백하고 애통하고 회개할 것을 찾으라. 진실보다 더 낫게 이야기를 꾸며서 말했었다고 정직하게 고백해야 할 것이 있다면 고백하라. 이런 우리에게도 하나님은 풍성한 은혜를 베푸신다. 과거나 미래에 무엇이 있든, 하나님이 풍성한 자비로 덮어 주시니 감사하라. 끝으로 시편 103편을 읽으라.

내전

사사기 20장 8-48절

이스라엘은 기브아를 어떻게 할지 결정하려고 모였고, 그때 그들은 사사기 3장 이후 전례가 없이 연합되었다. 그들은 한 사람 같이 "일제히 일어"났다(8절). 베냐민 지파를 제외하고 다 모였다.

전쟁이 일어나다
사사기 20장 8-16절을 읽으라.

   1. 이스라엘은 무엇을 하기로 작정하는가?(8-11절)

   2. 그들은 베냐민 지파와 싸우기 전에 먼저 무엇을 했는가?(12-13절)

3. 베냐민 지파는 어떻게 반응하는가?(13b-16절)

왜 베냐민 지파는 그 범죄자들이 정의의 심판을 받게 두지 않았는가? 친족 관계가 우상이 되었을 가능성이 크다. 그것은 "옳든 그르든 그들은 내 가족이고 내 민족이야"라는 태도에서 비롯된다. 우리의 혈연, 민족, 공동체를 공동의 선이나 도덕적 질서보다 우위에 두면, '우리들'이 우상이 된다.

◇ 적용
가족이나 공동체를 우상으로 여기는지 생각해 보라.

전쟁에 이기다
사사기 20장 17-48절을 읽으라.

4. 몇 번의 전투 후, 베냐민 지파 군대의 결말은 어떠했는가?(41-47절)

5. 승리를 얻었지만 그 다음에 무슨 일이 일어났는가?(48절)

이것은 정의의 심판이 아니라, 대량 학살이다. 원한으로 비롯된 일이다. 원한에 사무치면 한 눈을 잃고 상대방의 두 눈을 요구한다. 원한은 복수심을 불러일으킨다. 국가적 차원뿐만 아니라 개인적 차원도 마찬가지다. 개인적 차원에서도 규모만 줄어들 뿐이지 파멸이 일어난다.

어떻게 용서할 것인가

원한과 적개심을 피하는 유일한 방법은 용서하는 것이다. 어떻게 용서할 것인가? 세 가지 방법이 있다.

첫째, 용서가 무엇인지 깨달으라. 용서했다는 느낌이 들기 전이라도 의지적으로 용서하라(눅 17:3-6). 용서는 그 사람에게, 혹은 다른 사람들에게, 혹은 당신의 생각 속에서 잘못을 들추지 않겠다는 약속이다. 상처를 곱씹거나 앙심을 품지 않겠다는 약속이다.

둘째, 용서가 어떻게 가능한지 깨달으라. 하나님이 그리스도를 통해 큰 값을 치르서서 우리를 엄청나게 용서하셨다는 것을 보고 느낄 때만 우리는 남을 용서할 수 있다. 우리가 하나님께 엄청나게 큰 빚을 졌는데 이제 그 빚이 탕감되었다는 것을 알 때만 우리는 다른 사람이 우리에게 진 빚을 올바른 관점으로 볼 수 있을 것이다(마 18:21-35).

셋째, 화해하려 하기 전에 용서하라(막 11:25). 그러면 우리는 화난 채로 그 사람에게 다가가지 않을 것이며 그 사람을 "치려" 하지 않을 것이다. 그래서 진심으로 관계 회복을 추구할 수 있을 것이다.

◇ 적용

- 그리스도가 당신을 용서하셨다. 이것이 다른 사람을 대하는 태도에 변화를 주었는가?

- 하나님이 당신을 용서하셨듯이 당신도 용서해야 할 사람이 있는가?

베냐민 지파를 위한
여자들

사사기 21장 1-24절

전쟁은 끝났다. 베냐민 지파에 남은 것은 광야에 숨은 6백 명의 남자뿐이었다(20:47).

문제
사사기 21장 1-7절을 읽으라.

1. 이스라엘 사람들이 무슨 맹세를 했는가?(1절)

2. 베냐민 지파의 여자들을 다 죽인 결과는 무엇인가?(3, 6-7절)

3. 그들은 누구를 탓하는가?(3절)

4. 이스라엘 사람들은 또 어떤 맹세를 했는가?(5절)

"어찌하여 … 이런 일이 생겨서"라고 그들은 묻는다(3절). 그들은 당연히 알아야 한다! 그들이 성급하게 맹세하고 베냐민 지파의 형제자매를 학살한 결과이기 때문이다. 그러나 그들은 모든 것이 하나님의 잘못이라는 듯이 말했다.

◇ 적용

자기 반성을 하기보다 하나님 탓을 하기 쉽다. 그러면 자신의 죄를 자백하지 않을 것이고 잘못을 저지른 후 교훈을 배우지도 못할 것이다. 지난 한 주를 돌아보라. 자백해야 할 것이 있다면 시간을 내어 고백하라.

해결 방법

사사기 21장 8-24절을 읽으라.

야베스 길르앗 주민은 총회에 참석하지 않았다(8-9절). 이스라엘이 했던 두 번째 맹세를 근거로(5절) 이스라엘은 베냐민 지파의 장래 문제를 해결할 방법이 있다고 보았다.

5. 이스라엘은 무엇을 했는가?(10-14절)

6. 문제는 무엇인가?(14절)

7. 그 다음 "해결 방법"은 무엇인가?(2, 19-22절)

8. 그들은 어떻게 맹세를 어기지 않으면서 문제를 해결하려 했는가?(23절)

1건의 강간 및 살인 사건을 해결하기 위해 총회로 모였다가 결국 한 성읍을 학살하고 두 성읍의 여자들을 납치하고 강간하는 것으로 끝나고 말았다.

해결 방법과 문제

이스라엘 백성이 그들의 사회에서 "악을 제거하여 버리게"할 때마다(20:13) 오히려 문제를 악화시켰다. 본질적으로 영적 문제인 악을 인간적인 방법으로 해결하려 할 때 그런 문제가 생긴다. 인간의 심령에 내재하는 문제를 어떤 전쟁이나 정책으로 해결할 수 없다. 오직 믿음의 부흥만이 그 문제를 해결한다. 그러나 이스라엘은 이방인의 압제만큼이나 큰 다른 압제와 노예 상태에 있다는 것을 깨닫지 못했다. 그들은 영적 어둠 속에 있지만, 깨닫지 못했다.

기도

교회에 부흥을 달라고 하나님께 간구하라. 직면하고 있는 어떤 쟁점이나 결정해야 할 일에 대하여 하나님께 아뢰라. 당신이 보기에 합리적이고 논리적인 것을 하기보다, 하나님을 신뢰하고 순종하게 해 달라고 간구하라.

왕을
찾아서

사사기 21장 25절

이제 우리는 사사기의 막바지에 이르렀다. 사사기를 읽기가 쉽지 않았다. 그러나 성경이 남기는 한마디의 요약 속에 희망의 서광이 보인다.

사사기 17장 6절, 18장 1절, 19장 1절, 21장 25절을 읽으라.

　1. 사사기 화자는 이스라엘의 문제가 무엇이라고 말하는가?

　2. 사사기 화자는 무엇을 해결 방법으로 제시하는가?

이스라엘에 왕이 없으므로

사사기 전체를 살펴보라.

   3. 어떻게 사람들이 문제였나?

   4. 하나님은 어떤 해결 방법을 주셨는가?

무엇보다도 사사기가 보여 주는 것은 우리의 모든 문제의 해결 방법이 우리에게 없다는 것이다. 우리도 이스라엘처럼 왕을 찾아야 한다. 그러나 사사기 끝에 이르러, 우리는 단지 인간 왕으로 충분할지 의문을 품게 된다. 이후 구약의 역사를 보면, 다윗 같은 최고의 왕이라도 부족하다는 것을 알 수 있다. 사사기는 우리를 겸손하게 한다. 우리에게 다음과 같은 구원자가 필요하다는 것을 보여 주기 때문이다.

- 부르지 않아도 오는 구원자가 필요하다. 인간은 진심으로 하나님을 찾지 않기 때문이다.
- 자기 백성을 선택하는 구원자가 필요하다. 우리가 그를 선택하지 않기 때문이다.
- 오로지 혼자서 우리를 구하는 구원자가 필요하다. 우리는 아무 도움도 못 되기 때문이다.
- 사회 구조만이 아니라, 우리 심령에서 악을 "제거하여 버"릴 수 있는(20:13) 구원자가 필요하다.
- 죽지 않는 구원자가 필요하다. 구원자가 죽으면 결점이 있고 부족한 우리만 남기 때문이다.

우리는 왕이 필요하다. 어느 인간이 할 수 있는 것보다 더 위대한 구원을 이루어 줄 더 위대한 왕이 필요하다.

우리에게 필요한 왕

시편 96편 11-13절을 읽으라.

여기서 "심판(하다)"는 원래의 의미대로 "정의로 다스리다"
이다. 사사기의 리더들이 그렇게 해야 했지만, (대체로) 실
패했다. 시편 기자는 하나님이 친히 오셔서 우리의 심판이
되셔야 한다고 말한다.

　우리는 모두 왕을 찾는다. 우리가 찾는 왕은 다스리고
구원하고 축복해 줄 사람 혹은 신이다. 우리가 찾는 그 모
든 것을 주시는 단 한 분이 계신다. 그분은 초청받지 않아
도 우리를 찾아오셨고, 자기 백성을 부르셨고, 우리를 구
원하려 죽으시고, 성령으로 우리의 심령을 변화시키고,
죽음 너머 영원히 다스리신다. 사사기를 읽고 나서 우리
는 간절히 왕을 찾게 된다. 그래서 왕이신 우리 주 예수님
을 더 사랑하고 소중히 여기게 된다.

기도

사사기에서 삶에 대해 받은 두세 가지 격려나 도전에 대해 하나님
께 감사하라. 그 다음에 왕이신 예수님으로 인해 하나님께 감사하
는 시간을 가지라.

사사기를 통해
받은 은혜

사사기를 통해
받은 은혜

사사기를 통해
받은 은혜

사사기를 통해
받은 은혜

90 days in Galatians, Judges & Romans

Part 3

로마서와
함께 걷는 42일

(Day 49- Day 90)

Day 49

복음이
압도한다

로마서 1장 1-15절

로마서는 '복음'을 주제로 다룬다. 복음이 무엇이며, 왜 복음이 필요하고, 복음이 어떻게 삶을 달라지게 하는지 말한다. 1절부터 복음이 압도한다.

저자
로마서 1장 1-7절을 읽으라.

1. 누가 편지를 썼나?(1절) 누구에게 썼나?(7절)

2. 바울의 일과 관심 분야는 무엇인가?(1, 5절)

"택정함을 입다, 구별되다"는 다른 것과 분리되어 오직 한 가지만 추구하는 것이다. 너무나도 위대한 복음으로 인해 바울은 다른 것으로부터 분리되어 복음을 위해 살며 복음을 전하려 한다.

메시지

3. 본문에서 다음에 대해 무엇을 배울 수 있는가?

- 복음을 어디서 발견하는가?(2절)

- 복음은 누구에 대한 것인가?(3-4절)

- 복음은 어떠한 일이 일어나게 하는가?(5절)

바울은 사람들이 하나님께 순종하기를 바랐다. 그러나 바울이 원하는 순종은 믿음에서 우러나오는 순종이었다. 그것이 의미하는 바가 로마서의 큰 주제이다. 간단히 말하면 그것은 하나님의 아들 예수 그리스도를 믿으면 하나님이 우리를 받아 주셔서 하나님이 보시기에 의로워진다는 것을 아는 데서 나오는 순종의 마음과 삶이다.

⊘ 적용
그리스도인의 삶은 받아들여지기 위해 하나님께 순종하는 것이 아니다. 하나님이 이미 나를 받아 주셨기 때문에 순종하지 않겠다는 것도 아니다. 그리스도인의 삶은 "믿어 순종하는 것"이고 곧 "믿음에서 나오는 순종"이다.

- 구원 이후에도 계속 용서받으려면 순종해야만 한다고 생각해서 순종한 적이 있는가?

- 순종하지 않아도 된다는 것을 알기 때문에 불순종한 적이 있는가?

- 왜 예수님을 믿으면 순종하려는 마음이 생기는가?

방문
로마서 1장 8-15절을 읽으라.

5. 로마의 그리스도인들에 대한 바울의 태도는 어떤가?(8-10a)

6. 바울이 그들을 만나본 적이 없다는 것을 생각할 때 왜 그것이 놀라운가?

7. 바울은 왜 로마 교회를 "보기를 간절히 원하는"가?(11-13절)

위대한 사도 바울이지만 12절에서 "너희가 나로 말미암아 안위함(격려)을 받기 바란다"고 하지 않는다. 오히려 바울은 "너희와 나의 믿음으로 말미암아 피차 안위함(격려)을 얻으려 함이라"고 말한다.

8. 이것은 모든 그리스도인에게 무엇이 필요하다는 것을 알려 주는가?

바울이 로마의 교회, 즉 그리스도인들에게 복음을 전하기
원한다는(15절) 점에 주목하라.

9. 이것은 모든 그리스도인에게 무엇이 필요하다고 알
   려주는가?

◇ 적용
한 주 동안 동역자들의 믿음을 통해 격려받을 수 있도록 기
도하라. 또한 당신의 믿음을 통해 동역자들을 격려할 수 있
도록 행하라. 로마서를 시작하며 복음에 대하여 묵상하라.

Romans

Day 50

원하는가,
부끄러워하는가?

로마서 1장 16-17절

복음을 전하는 것은 두 가지일 수 있다. 즉 복음을 나누기를 원하거나(15절) 부끄러워할 수 있다(16절). 바울은 우리가 "복음을 부끄러워하지" 않도록 도와줄 것이다.

먼저 질문해 보자. 왜 사람들이 복음을 부끄러워하거나 싫어하는가?

네 가지 이유가 있는데, 복음이 다음과 같이 말하기 때문이다.
* "당신은 구원받을 자격이 없다": 그것은 자신이 선해서 구원받을 필요가 없다고 생각하는 도덕적인 사람들을 불쾌하게 한다.
* "우리는 다 죄인이다": 그것은 인간이 선천적으로 선하다는 대중의 믿음과 어긋난다.
* "오직 예수님만 구원하실 수 있다": 그것은 모든 영적인 길들은 결국 하나라는 생각에 어긋난다.
* "영광으로 가는 길은 고난과 희생의 길이다": 그것은 예수님을 따르는 것이 쉽고 편하기 바라는 사람들의 심기를 불편하게 한다.

내가 부끄러워하지 아니하노니
로마서 1장 16-17절을 읽으라.

> 1. 바울이 복음을 부끄러워하지 않는 이유는 무엇인가?(16절)

> 2. 그래서 무슨 일이 누구에게 일어났는가?(16절)

이 능력은 "믿는" 모든 사람에게 역사한다. 복음과 그 구원의 능력을 받아들이는 유일한 길은 믿음이라고 로마서 본문에서 뚜렷하게 말한다. 복음과 함께 능력이 임하는 것이 아니라 복음 자체가 능력이라는 점에 주목하라. 복음은 하나님의 능력이 말의 형태로 나타난 것이어서 사람을 변화시키고 생명을 준다. 복음은 이 땅의 다른 능력이 하지 못하는 것을 한다. 즉 우리를 구원한다.

◇ 적용
복음의 능력을 의심한 적이 있다면 언제, 왜 그랬는가. 복음의 능력에 대하여 확실히 안다면 삶이 어떻게 달라질지 본문에 비추어 생각해 보라.

복음은 무엇인가
> 3. 복음에 무엇이 "나타나"는가?(17절)

의는 지위를 가리킨다. 즉 어떤 사람에게 떳떳하고 아무 빚도 지지 않았으며 완전히 받아들여지는 상태이다. 17절은 하나님과의 올바른 관계를 하나님으로부터 받을 수 있다고 말한다(그것이 어떻게 가능한지 로마서 3장에서 살펴볼 것이다).

4. 왜 이 복음은 단지 "용서받는 것" 이상인가?

복음은 마음의 자연적 경향이나 다른 종교의 보편적 주장과 완전히 반대다. 사람들은 우리의 의를 하나님께 바쳐서 구원을 얻는다고 생각한다. 그러나 복음은 말한다. 구원은 우리가 하나님으로부터 의를 받는 것이다.

기도

이 놀라운 복음을 듣고 믿음에 하나님께 감사하라. 복음이 무엇이고, 무엇을 이루는지에 대한 기쁨이 넘쳐서 복음을 위해 살고 복음을 전하게 해 달라고 간구하라.

Day 51

왜 우리는
구원이 필요한가

로마서 1장 18-32절

18절은 영어로 "왜냐하면"(For)으로 시작한다. 다음 장들에서 이 질문들에 대답해 줄 것이다. 왜 나는 구원이 필요한가? 왜 나는 하나님으로부터 의를 받아야 하는가?

하나님의 진노
로마서 1장 18-20절을 읽으라.

1. 18절은 하나님의 "진노"에 대해 무엇이라고 말하는가?(여기서 말하는 진노(settled anger)는 하나님이 성품적으로 늘 화가 났다는 것이 아니라 특정 사안에 대해 진노하신다는 의미다-역주)

2. 왜 모든 사람들은 "핑계하지 못하는가?"(19-20절)

복음에 대한 바울의 확신, 기쁨, 열정은 복음 없이는 모든 인간이 하나님의 진노 아래 있다는 생각에서 나온다. 만일 당신이 하나님의 진노를 모르거나 믿지 않는다면, 복음에 대한 감격도 없을 것이다.

인간의 예배
로마서 1장 21-25절을 읽으라.

> 3. 모든 사람들은 하나님을 하나님으로 인정하고 감사하며 사는 것이 아니라 그 대신에 무엇을 하는가?(21-23절)

그렇게 해서 가짜 신이 만들어진다. 우리는 하나님을 예배하도록 창조되었다. 그런데 만일 우리가 하나님을 거부하면, 대신 다른 것을 예배할 것이다. 인간은 삶에 목적과 의미를 주는 것이 필요하다. 그렇기 때문에 창조자를 예배하거나 하나님이 창조하신 다른 것을 예배한다. 그러나 어떤 피조물도 만족을 주지 못한다(피조물은 하나님이 아니기 때문이다). 오히려 인간은 피조물의 노예가 된다.

◇ 적용
당신이 하나님 대신에 예배하고 섬기고 순종하기 쉬운 우상 한 가지를 생각해 보라. 왜 그것이 매력적으로 느껴지는지 적어 보라. 그것은 결국 당신을 종으로 삼을 것이다.

역리
로마서 1장 26-32절을 읽으라.

26-27절은 성경에서 동성애에 대하여 말한 가장 긴 본문이다. 본문은 동성애를 "역리, 순리를 거스르는 것"(파라 푸신)이라고 한다. 즉 동성애는 하나님이 주신 본성을 어기는 것

이고 죄이다. 그러나 그것은 바울이 모든 죄의 뿌리는 하나님이 아닌 다른 것을 예배하는 것이라고 밝힌 다음에 나오고, 시기, 수군수군하는 것 등 다른 죄들을 나열하기 전에 있다. 그러므로 동성애는 그런 것들보다 더 크거나 작은 죄가 아니라, 그런 죄들 중의 하나일 뿐이다. 그 모든 죄들은 창조자보다 피조물을 예배하기 때문이다.

4. "상실한 마음"의 결과들이 29-31절에 있는데 그중 특히 어느 것을 보고 놀랐거나 도전을 받았는가?

본문은 하나님의 진노가 현재 나타난다고 말한다(18절). 다시 말해서, 하나님의 진노란 우리가 예배하고 원하지만 만족과 구원을 주지 못하는 것들에 우리를 그저 "내버려 두"는 것이다.

기도

피조물을 어떻게 예배했는지 이 본문으로 하나님께 자백하라. 그러고 나서 본문을 통해 하나님이 누구이신지 찬양하고 복음을 주신 것에 감사하라.

Day 52

종교적
문제

로마서 2장 1-16절

어떤 사람들, 즉 종교적이고 착한 사람들은 로마서 1장을 읽고 말할 것이다. "물론 부도덕한 자들에게 하나님의 진노가 임했어. 그러나 우리는 그렇지 않아."

자기 스스로의 심판
로마서 2장 1-11절을 읽으라.

1. 남을 판단하는 사람(즉 다른 사람들은 하나님의 진노를 받아 마땅하다는 것을 받아들이지만, 자신들은 그렇지 않다고 생각하는 자들)에 대해 바울은 무엇을 말하는가?

20세기의 신학자 프란시스 쉐퍼는 이 본문에 대해 "눈에 보이지 않는 녹음기"라는 개념을 사용했다. 다른 사람들이 어떻게 살아야 한다고 우리가 말할 때 그것을 녹음하는 녹음기가 우리 목에 달려 있다고 할 수 있다. 마지막 날에 하나님이 그 테이프를 트셔서 우리가 말한 기준에 근거해 우리를 심판하실 것이다. 그러면 역사 속에 살았던 어떤 사람도 자신의 말로 정죄당하는 데서 벗어나지 못할 것이다.

2. 자신은 심판받을 일이 없다고 생각하는 사람이 있다면 어떤 착각을 하고 있는 것인가?(4절) 그 사람은 무엇을 하고 있는 것인가?(5절)

3. 6절이 놀라운 이유는 무엇인가?

바울은 1장 17절에서 스스로의 행위로 의로워질 수 없고 하나님으로부터 의를 받아야 한다고 말했다. 6절 말씀이 그것을 부인하는 것은 아니다. 여기서 바울이 말하는 요지는 심판날에 선행은 구원받는 근거가 아니라 구원받은 증거라는 것이다. 사과나무에 사과가 달려 있으면 사과나무가 살아 있다는 증거일 뿐이지, 열매가 나무에 생명을 주는 것이 아니다. 마찬가지로 우리가 하는 선행도 우리가 그리스도를 믿어 생명을 얻었다는 것을 증명할 뿐이다.

4. 2장 11절에서 바울은 하나님의 심판에 대해 무엇을 더 말하고 있는가?

양심의 심판
로마서 2장 12-16절을 읽으라.

본문은 복잡하다! 기본적인 논증은 다음과 같다. 만일 우리가 하나님의 율법을 가졌으면, 오직 하나님의 율법으로 심판을 받는다. 그러나 율법이 없는 자도 때로 무엇이 옳은지 알아서 옳은 일을 할 수 있다(14절). 즉 그들은 율법을 직관적으로 안다(15절). 그러므로 어떤 사람에게 하나님의 율법을 가르치지 않았지만, 그 사람이 무엇이 옳은지 알면서도 행하지 않으면 그들 스스로의 생각이 자신을 고소하므로 그들은 심판을 받아 마땅하다.

2장에서 바울은 유대인들(그리고 모든 종교적인 사람들)이 복음의 핵심을 놓쳤다고 역설한다. 그들은 자기 의를 의지하느라 구원으로부터 멀어졌다. 비종교적이고 쾌락을 위해 사는 사람이나 종교적인 사람이나 구원으로부터 멀어지는 것은 마찬가지다(1:18-32).

⊘ 적용

바울은 우리에게 도전을 준다. 만약 스스로 가망 없는 죄인이므로 하나님이 나를 당장 거부하셔도 된다고 느끼지 않는다면, 복음을 부인하는 것이다. 바울이 로마서를 통해 주는 도전을 받아 어떻게 행동할 것인지 고민해 보라.

그리스도인이라
불리는 네가

로마서 2장 17-29절

바울이 2장 전체에서 종교적인 사람에 대하여 다룬다는 것을 기억하라. 종교적인 사람은 "나는 이방인과 달리 도덕적이고 신앙심이 있기 때문에 하나님의 심판 아래 있지 않아"라고 생각한다.

선행을 의지하는가?
로마서 2장 17-24절을 읽으라.

1. 바울 시대의 유대인들이 자랑한 것은 무엇인가?(17-20절에서 여섯 가지를 찾으라)

핵심은 그들이 자신의 도덕성과 덕을 자랑했다는 것이다.

2. 21절 첫 부분이 그들에게 주는 도전은 무엇인가?

바울은 그들에게 남들을 위하여 설교하면서 자신은 실천하지 않는 세 가지를 생각해 보라고 한다(21-23절). 그중 세 번째가 가장 충격적이다. 유대인이 이방 신전에서 우상을 훔쳤다는 기록이 없기 때문이다. 그렇다면 그것은 비유일 수 있다. 바울은 유대인들이 겉으로는 종교적이지만, 우상의 신전에 가는 사람들과 다름 없이 우상을 숭배한다고 말한다. 유대인들이 겉으로 "우상을 가중히 여기면서도" 내적으로는 권력, 안락, 소유물, 성 등에서 의미를 찾으므로 우상숭배자라는 것이다.

3. 위선적인 종교가 낳는 비극적 결과는 무엇인가?(24절)

의식을 의지
로마서 2장 25-29절을 읽으라.

할례는 유대인이 이스라엘 공동체 안으로 들어오는 종교적 의식이었다.

4. 바울은 할례가 얼마나 중요하다고 말하는가?(25-27절)

5. 어떤 "할례"가 중요한가?(29절)

종교적 의식이나 그 의식을 지키는 것이 마음을 변화시키지 못한다. 마음의 변화는 오직 성령님만이 하실 수 있고, 성령님은 할례나 세례를 받았는지 아닌지에 제한되지 않으신다.

"유대인" 대신에 "그리스도인", "할례" 대신에 "세례"나 "교인 등록"으로 17-20, 25-29절을 바꾸어보라.

6. 이 본문이 오늘날의 그리스도인에게 어떤 도전을 주는가?

⌄ 적용

우리가 스스로 그리스도인이라고 말한다 해서 살아 있는 믿음을 가진 게 아니다. (교인이더라도) 믿음이 껍데기뿐이어서 심판을 받을지 어떻게 알 수 있을까? 바울은 이름뿐인 그리스도인의 네 가지 특징을 말한다.

- 성경에 신학적으로만 접근한다(21절). 성경으로부터 도전을 받거나 성경으로 변화되지 않는다.
- 도덕적 우월감을 갖는다(17절). 남을 무시하고 자신의 약점이 드러나면 덮기에 급급하다.
- 내면의 영적 생활이 없다(29절). 기도하지 않고, 나를 사랑하시는 하나님을 모른다.

- 위선적이다(22절).

특별히 마음에 불편하게 다가오는 부분이 있다면 변화되기를 기대하며 기도하라.

기도

29절을 다시 읽고 성령님께서 당신의 심령 속에 역사하셔서 살아 있는 믿음을 더해 달라고 간구하라.

Day 54

모든 입을
막고

로마서 3장 1-20절

이제 바울은 결론에 도달한다. 모든 사람에게는 구원이 필요하다. 모든 사람이 하나님의 의를 받아야 한다. 왜냐하면 "의인은 없나니 하나도 없"기 때문이다(10절).

이의 제기와 답변
로마서 3장 1-8절을 읽으라.

    1. 유대인의 나음은 무엇인가?(2절)

3-8절에 있는 질문들은 오늘날 우리가 1-2장을 읽을 때 자연히 떠올릴 수 있는 것들이 아니다. 그러나 1세기 당시의 유대인들은 그런 이의를 제기했다. 바울은 시간을 들여 그들의 세계관에 대해 생각해 보고 답변하는 노력을 기울였다.

그런 사람은 아무도 없다
로마서 3장 9-18절을 읽으라.

2. 유대인과 이방인, 종교적인 사람과 비종교적인 사람을 막론하고 모든 사람에게 해당되는 사실은 무엇인가?(9절)

이것은 모든 사람이 죄지은 정도가 똑같다는 말이 아니다. 다만 정죄받는다는 사실은 모든 사람에게 동일하다는 것이다. 왜냐하면 종교적인 사람이든 비종교적인 사람이든 다 의로운 마음이 없기 때문이다.

3. 11-18절에서 죄가 어떤 영향을 미치는가?

- 생각에:

- 동기에:

- 의지에:

- 혀에:

- 인간관계에:

- 하나님께 대한 태도에:

"선을 행하는 자는 없나니 하나도 없도다"가 사실이라면 그 이유는 무엇인가?(12절) 왜냐하면 동기가 중요하기 때문이다. 길을 건너는 할머니를 도와드리는 것이(선행) 돈을 원해서라면(나쁜 동기) 선행을 한 것이 아니다! 구원받기 위해 선을 행한다면, 하나님이 아니라 자신을 위해 선을 행한 것이다. 그것은 다 이기적인 동기다. 하나님을 위해 선을 행한 것이 아니므로 진정한 선이 아니다. 만일 그 사람이 이미 복음을 받아들여서 의로워진 사람이 아니라면 말이다. 그러나 하나님이 우리를 사랑하신다는 것을 그리스도를 통해 알면, 우리는 자유롭게 "선을 행할" 수 있다. 배고픈 자를 먹이고, 병든 자를 심방하고, 가난한 자에게 옷을 입힐 수 있다. 그것은 그들을 위해서이기도 하고 하나님을 위해서이기도 하다.

◇ 적용

3. "선을 행한다"는 것이 어떻게 당신에게 도전이 되고 동기를 부여하는가?

모든 입이 막힌다
로마서 3장 19-20절을 읽으라.

4. 왜 심판이 임할 때 "모든 입이 막"히는가?(19절)

5. 율법의 행위로 할 수 없는 것과 할 수 있는 것은 무엇인가?(20절)

입을 다문다는 것은 영적 상태를 말한다. 그런 태도를 가진 사람이 아는 것은 우리가 스스로를 구원하지 못하고, 변명할 수 없고, 내놓을 선이 없다는 것이다. 잠잠히 빈손으로 나아가지 않으면 하나님이 주시는 의를 받을 수 없다.

◇ 적용
만약 심판날 하나님 앞에 선다면 어떤 말을 할 수 있을지 적어 보라.

Romans

Day 55

의가
나타나다

로마서 3장 21-26절

두 장에 걸쳐서 바울은 모든 인간이 심판 아래 있다는 무서운 진리를 강조했다. 우리 중 아무도 하나님과 올바른 관계에 있지 않다.

의

로마서 3장 21-26절을 읽으라.

본문에서는 "의"라는 단어가 중요하다. 헬라어 원어로는 "의롭다 하심을 얻음"도 같은 한 단어다. 의란 행동을 완전하게 해서 법적으로 받아들여지는 상태다(예: "법과 올바른 관계에 있다"는 것은 법을 완전히 지켜서 법이 당신을 고소할 수 없다는 것이다).

1. 21-23절은 하나님과 올바른 관계에 대해 무엇을 말하는가?

- 그것은 어디서 오는가, 혹은 그것은 누구의 의인가?(21절)

- 그것은 어디서 오지 않는가, 혹은 무엇 외에 인가?(21절)

- 그것은 무엇으로 말미암아 우리에게 영향을 미치는가?(22절)

- 왜 우리는 그것이 필요한가?(23절)

우리를 의롭다 하시는 정의로운 하나님

그런데 왜 의는 오직 그리스도 예수를 믿음(22절), "그의 피로써 믿음", 그의 죽음(25절)으로 말미암는가? 왜 하나님이 사람들을 그냥 용서하시지 않는가? 두 가지 중요한 단어는 "속량"(24절-값을 치러서 어떤 이를 자유로워지게 하는 것)과 "화목제물", 문자적으로 "유화"(宥和, 25절-어떤 이의 진노를 돌리는 것)이다.

2. 예수님의 죽음이 무엇을 성취했는가?(24절)

3. 어떻게? 성취했는가?(25절)

4. 십자가는 무엇을 보여 주는가?(26절)

5. 바울은 26절의 나머지 부분에서 어떻게 그 의미를 부연 설명하는가?

이것은 십자가의 경이로움이다. 십자가는 단 한 번으로 하나님의 사랑(사람들을 구원하기 원하심)과 하나님의 정의(죄를 벌하려 하심)를 충족시켰다. 하나님은 정의로우시다. 그래서 인류가 죄의 벌을 받는다. 또한 하나님은 죄인들을 의롭다 하실 수 있으시다(의롭게 만드실 수 있다). 완전한 사람이신 예수님께서 우리 대신 벌을 받으셨기 때문이다.

십자가에서 하나님의 진노와 사랑, 그리고 정의의 심판과 우리를 의롭다 하심이 모두 완전히 나타났고, 표현되었고, 입증되었다.

만일 우리가 하나님을 사랑의 하나님이시지만 기준대로 잘못을 벌하지 않으시는 분으로 본다면, 하나님은 신경 쓰지 않는 무심한 분(또한 실질적으로 존재하지 않으시는 분)이 될 것이다. 그러면 우리는 영적 고아가 된다. 반면에, 진노하시고 은혜를 베풀지 않으시는 하나님이라면, 우리는 좌절하고 절망하고 분노하고 반항하면서 하나님의 기준에 결코 도달하지 못하게 된다.

그러나 십자가에서 우리는 하나님이 진노와 동시에 은혜를 발견한다. 그분은 우리의 소중한 아버지가 되신다.

기도

본문을 다시 읽으며 구절마다 십자가에서 일어난 일을 묵상하고 하나님을 찬양하라.

207

Day 56

복음과
자랑

로마서 3장 27-31절

앞서 바울은 "나타난 의의 복음"을 탁월하게 설명했다. 이제 바울이 주는 교훈은 무엇인가. "자랑할 데가 … 있을 수가 없느니라"(27절).

자랑할 것이 없다
로마서 3장 27-30절을 읽으라.

당신이 "자랑"하는 그것이 당신에게 자신감을 준다. 당신은 이렇게 말한다. "나는 ~이 있어서 대단한 사람이야. 그래서 나는 오늘 하루를 감당할 수 있어." 당신이 자랑하는 것이 근본적으로 당신을 규정하고 정체성을 부여한다.

   1. 왜 "행위로", 율법을 지켜서 구원받으면(27절) 자랑하게 되는가?

2. 그러나 우리는 "믿음"으로(27절) 의롭다 하심을 얻는
다. 그러면 왜 자랑할 데가 있을 수 없는가?(27절)

이것은 보기보다 감당하기 벅차다. 바울은 우리의 모든 정
체성, 안전, 존엄성, 자존감의 근거를 버리라고 한다. 왜냐
하면 "사람이 의롭다 하심을 얻는 것은 율법의 행위에 있
지 않고 믿음으로 되"기 때문이다(28절). 우리가 종교적이
든(할례 받은 유대인이든), 아니든(할례 받지 않은 이방인이든) 오직 한
하나님이 계시고, 하나님과 올바른 관계가 되는 유일한 길
이 있으니 그것은 믿음이다(29-30절). 자랑을 멈춘다는 것은
그것을 깨닫는다는 것이다. 우리가 최고의 성취를 해서 의
로워지지 않고, 우리가 최악의 실패를 했다고 해서 구원의
기회를 잃지 않는다.

◇ 적용

인격의 어느 한 면을 자랑하고 의지하여 자신의 가치를 찾
으려고 할 때가 있음을 회개하라. 이것은 실망을 더할 뿐
이다. 이러한 자랑을 예수 그리스도의 십자가(갈 6:14)만 자
랑하는 것으로 바꾸기로 결단하라.

　우리는 자신감을 갖는 게 아니라, 그리스도를 확신해야
한다. 즉 우리는 하루를 (심지어 우리가 죽는 그날도) 시작하며
말할 수 있어야 한다. "내게는 그리스도가 있어. 그분의 죽
음은 내가 하나님의 자녀라는 것을 의미해. 나는 세상이
주는 아무것도 필요하지 않아. 세상은 나에게서 아무것도
빼앗아 갈 수 없어. 내게는 그리스도가 있어."

율법을 굳게 세우다
로마서 3장 31절을 읽으라.

    3. 왜 어떤 사람은 믿음이 율법을 "파기"한다고 생각하는가?

그리스도를 믿는 믿음이 어떻게 율법을 "굳게 세우는가?" 첫째, 의로우려면 율법을 지켜야 한다는 것을 그리스도의 삶이 보여 주기 때문이다. 둘째, 율법을 어기면 벌을 받는다는 것을 그리스도의 죽음이 보여 주기 때문이다. 셋째, 그리스도를 믿으면 율법을 미워하게 되는 게 아니라 율법의 아름다움을 보게 되기 때문이다. 그러나 만일 우리가 구원받기 위해 율법에 순종하려고 한다면, 율법을 쉽게 바꾸어서 지킬 수 있게 하려고 하거나, 율법을 지키는 게 불가능해서 절망할 것이다. 오직 복음만이 정의를 중시하면서도 용서가 가능하게 한다.

Day 57

의에 대해
더 살펴보자

로마서 4장 1-16절

바울은 이제 자신의 주장을 뒷받침할 두 증인을 소환한다. 그들은 유대 건국의 아버지와 가장 위대한 왕이다.

로마서 4장 1-16절을 읽으라.

여기서 매우 중요한 단어는 "로기조마이"인데 "여기다"(3, 4, 5, 6, 9, 11절), "인정하다"(8절)로 번역된다. "여기다"는 전에 없던 상태를 전가해 주는 것이다.

어떻게 의로워졌는가

1. 성경은 하나님과 올바른 관계가 되는 것에 대해(3절) 아브라함이 무엇을 "얻었다, 발견했다"(1절)고 하는가?

2. 바울은 하나님이 의롭다 하시는 사람은 어떤 사람이라고 묘사하는가?(5절)

그것은 구원받은 사람은 율법을 지키지 않는다는 의미가 아니라, 율법을 지켜서("행위로") 구원받는다고 믿지 않는다는 의미다. 이제 그들은 자신과 행위를 믿는 데서 벗어나 하나님과 그 약속을 믿는다.

3. 이런 종류의 믿음은 "하나님의 존재를 믿는 것"과 어떻게 다른가?

4. 다윗왕은 하나님께 의로 여기심을 받는 것에 대해 무엇을 발견했는가?(6-8절)

기도
하나님이 모든 죄를 용서하신다는 것을 알므로 하나님께 솔직하고 정직하게 자백하라.

⊘ 적용
"왜 내가 천국에 들어갈 수 있을까?"라고 질문해 보면 많은 것이 드러난다. 자신을 의지하는 것, 심지어 자신의 믿음을 의지하는 것(예: 내가 착하게 살려고 노력하니까, 혹은 내가 진심으로 하나님을 믿으니까 천국에 들어갈 수 있어)도 구원의 믿음은 아니다. 그것은 나 자신을 의지하는 것이다. 아브라함이라면 이렇게 대답했을 것이다. "하나님이 나를 구원하겠다고 약속하셨고 하나님은 약속을 지키시는 분이니까 내가 천국에 들어갈 수 있어."

5. 당신은 이 질문에 어떻게 대답하겠는가?

언제 의로워졌는가

6. 9절에서 바울은 무슨 질문을 하는가?

7. 만일 우리가 유대인이 아니라면, 오늘날 이것이 왜
   우리에게 중요한가?

8. 만일 아브라함이 의로워지기 전에 할례를 받았다면,
   "믿음 + 할례 = 하나님과의 올바른 관계"라고 할 수
   있을 것이다. 그러나 사실은 어떤가?(9b-11절)

만일 아브라함이 의로워지기 전에 율법에 순종했다면, "믿
음 + 순종 = 하나님과의 올바른 관계"라고 할 수 있을 것이
다. 그러나 율법은 아브라함이 죽고 나서 수백 년 후에 주
셨다.

9. 그러므로 사실은 무엇인가?(13절)

⊘ 적용
16절이 이 문단을 잘 요약할 뿐만 아니라 오늘날의 신자
들에게 매우 기쁜 일인 이유는 무엇인지 생각해 보라.

아브라함이
하나님을 믿으매

로마서 4장 17-25절

하나님을 믿는다는 것은 무엇을 의미하는가? 여기서 바울은 구원의 믿음이 무엇인지 아브라함의 삶으로 말한다.

로마서 4장 17-25절을 읽으라.

1. 바울은 하나님이 누구이신지를 어떻게 묘사하는가?(17절)

2. 아브라함은 이 하나님을 알고, 신뢰하고, 위하여 살았다.

아브라함의 믿음

   2. 아브라함은 무엇을 했는가?(18절)

   3. 왜 아브라함이 "가능성이 없어 보여도" 그렇게 했다
     고 19절에서 말하는가?

   4. 약속이 불가능해 보여도 아브라함은 무엇을 확신했
     는가?(21절)

아브라함은 단지 하나님의 존재, 선하심, 거룩하심만 믿지 않았다. "하나님을 믿는 것"은 하나님의 말씀을 보고 그 말씀이 현실을 규정하게 하는 것이다. 다음 세 가지 경우를 살펴보자.

- 느낌이나 겉모습대로 하지 않는 것(19절)이다. 아브라함이 보기에 자신과 아내는 자녀를 낳는다는 것이 불가능해 보였다. 그러나 아브라함은 겉으로 보이는 대로 믿지 않았고, 자신보다는 하나님을 믿었다.
- 하나님에 대한 사실에 초점을 맞추는 것이다. "능히 이루실 줄"(21절). 아브라함은 하나님이 만물을 창조하셨다는 것을 알았다. 그러므로 하나님은 사라의 태에 생명을 창조할 능력이 있으셨다. 믿음은 생각을 하지 않는 게 아니라, 하나님과 하나님에 대한 진리를 곰곰이 생각하는 것이다.

215

- 하나님의 말씀을 신뢰하는 것이다. "약속하신 그것을 또한 능히 이루실 줄"(21절). 하나님을 믿는 것은 하나님의 약속을 신뢰하고 그에 따라 사는 것이고, 느낌, 여론, 상식이 그 약속과 어긋나더라도 하나님을 말씀대로 믿는 것이다.

하나님이 그런 믿음을 의로 여기신다(22절).

우리는 믿는다
아브라함이 우리의 모범이다(23-24a절).

5. 하나님은 오늘날 어떤 "믿음"을 의로 여기시는가?(24b-25절)

아브라함은 후손을 주신다는 약속을 믿었다. 우리는 아브라함의 후손인 예수님이 하나님의 약속대로 우리를 위해 구원을 이루어 주신 것을 믿는다.

◇ 적용
당신은 주 예수님의 죽음과 부활, 그리고 그로 말미암아 성취된 의롭다 하심 받음에 근거해 당신의 현실을 보는가. 이를 더 잘하기 위해 어떻게 해야 할 것인가. 당신이 믿음에 이르기까지의 여정과 그리스도인으로 살아온 삶을 되돌아 보라. 하나님이 "죽은 자를 살리시"는 것을 어떻게 경험했는가?(17절)

기도
하나님이 불가능을 행하시고, 당신을 의롭다 하시고, 항상 약속을 지키시니 감사하라. 오늘 그 진리대로 당신의 현실을 바라보고 그렇게 이루어지기를 기도하라.

의롭다 하심을 받은
즐거움

로마서 5장 1-5절

만일 우리가 의롭다 하심을 받으면, 언젠가 하나님의 영원한 나라에 들어갈 것이다. 멋진 미래가 준비되어 있다. 또한 바울은 우리가 의롭다 하심을 받아서 현재 누리는 유익을 알고 소중히 여기기를 바란다.

의롭다 하심을 받았으니
로마서 5장 1-2절을 읽으라.

"하나님과의 화평"은 "하나님의 화평"과 같지 않다는 것을 알라. "하나님과의 화평"은 느낌이 아니라 상태다. "하나님의 영광"은 하나님의 완전하고 놀라운 임재를 가리킨다.

　1. 바울은 의롭다 하심을 받으면 무엇이 유익하다고 하는가?(자신의 말로 표현해 보라.)

2. 만일 의롭다 하심을 받지 못하면, 그 반대다. 그것을 생각할 때, 의롭다 하심을 받을 때의 유익을 얼마나 더 소중히 여기게 될 것인가?

여기서 바울은 이런 이의가 제기될 수 있다고 예상한다. "좋아요. 하지만 지금 나는 고통을 당하고 있는데, 그 모든 것들이 무슨 소용이죠?"

환난 중에도
로마서 5장 3-5절을 읽으라.

3. 바울이 환난이나 고난에 대해 말할 때, 특별한 점은 무엇인가?

4. 어떻게 그리스도인들은 환난을 그런 관점으로 보는가? 그리고 결국 어떻게 될 줄을 "아는가?"(3-5절, "연단"이 영어 성경에는 "성품"-역주)

본문의 '소망'은 하나님과의 화평, 하나님께 나아갈 수 있음, 장차 들어갈 본향의 영광에 대한 더욱 굳건한 확신을 의미한다. 그래서 의롭다 하심을 받음의 유익은 환난 때문에 줄어드는 것이 아니라 더욱 커진다.

만일 내가 행위로 의롭다 하심을 받으려 한다면, 환난을 당할 때 무너질 것이다. 나의 죄 때문에 벌을 받는다고 느낄 것이기 때문이다. 아니면 환난당할 때 교만해질 것이다. 내가 환난을 당하므로 미래에 축복받을 자격이 있다고 생각할 것이기 때문이다. 그래서 환난은 나를 하나님으로부터 멀어지게 하거나 나 자신을 의지하게 만들어 준다.

그러나 내가 믿음으로 의롭다 하심을 받는다면, 하나님과의 평화를 누리고, 하나님 아버지와 대화할 수 있고, 언젠가 아버지의 얼굴을 보게 될 것을 알게 된다. 그리고 내가 겪는 환난에 목적이 있다. 즉 환난은 내가 소망을 두었을 다른 것들로부터 나를 멀어지게 하고, 영원한 소망을 둘 수 있는 유일한 분인 하나님께만 소망을 두게 할 것이다. 그래서 나는 이제 환난을 당하는 중에도 즐거워한다. 슬픔 중에도 한편으로 여전히 기쁨이 있기 때문이다.

⌄ 적용

당신이 환난을 당했던 때를 뒤돌아 보라(바로 지금일 수도 있다). 그때 하나님으로부터 멀어졌는가, 아니면 믿음이 더 깊어졌는가?

기도

하나님의 자녀라서 환난 중에도 즐거워할 수 있음에 감사하라. 믿음으로 의롭다 하심을 받았다는 진리로 삶이 달라지도록 기도하라. 지금 고난당하는 부분을 하나님께 아뢰고, 3–5절처럼 진리와 기쁨을 지키게 해 달라고 기도하라.

Romans

사랑받고
확신하고

로마서 5장 5-11절

본문을 통해 우리를 향한 하나님의 사랑을 살펴볼 것이다.

두 가지 증거
로마서 5장 5-8절을 읽으라.

1. 하나님이 우리를 사랑하시는 줄 어떻게 아는가?(5절)

이것은 하나님의 사랑을 확신할 수 있는 내적이고 주관적인 근거다. 바울의 표현을 보자면, 그것은 강렬한 경험일 수 있다. 물론 부드러운 경험일 수도 있다(그런 경우가 더 흔하다). 그것은 우리가 그리스도 안에서 의롭다 하심을 받았다는 소망(즉 확실성)을 경험하는 것이다.

2. 하나님의 사랑이 마음에 부어지는 경험을 해 보았는
   가?

3. 하나님이 우리를 사랑하신다는 것을 아는 두 번째
   방법으로 바울이 말한 것은 무엇인가?(6절)

스스로 자신을 선하다고 하는 사람이 있다 해도 그 사람을
위해 죽기란 쉽지 않다(7a절). 간혹 사람들은 정말로 선한
어떤 사람을 위해 죽을 것이다(7b절).

4. 그리스도가 우리를 위해 죽으셨을 때 우리의 상태는
   어땠는가?(8절)

5. 그분은 그리스도이셨고 우리는 죄인이었다는 사실
   이 하나님이 우리를 얼마나 사랑하시는지를 어떻게
   보여 주는가?

이것은 하나님이 당신을 사랑하신다는 객관적이고 확고한
증거다. 과거의 어느 날 한 사람이 십자가에서 죽은 사건
을 돌아보면 하나님이 당신을 사랑하신다는 사실을 알 수
있다.

우리의 미래
로마서 5장 9-11절을 읽으라.

6. 바울은 그리스도가 이미 무엇을 이루셨다고 말하는가?

7. 그러므로 우리는 그리스도가 또 무엇을 하실 것이라고 확신할 수 있는가?

즐거워함의 증거
그리스도가 의롭다 하셔서 하나님과 친구가 되어 (화목해져서) 즐거워한다는 증거는 무엇인가? 네 가지로 살펴보자.

1. 당신의 생각은 믿음으로 의롭다 하심을 받았다는 교리에 깊이 만족한다. 당신은 그것에 대해 생각하고 말하기를 좋아한다.
2. 자신의 결점을 발견할 때 하나님 사랑을 의심하는 것이 아니라 하나님 은혜가 더욱 소중해진다.
3. 죄를 지었을 때 핑계를 대거나 다른 좋은 일을 해서 덮으려 하지 않는다. 당신이 최고의 노력을 한다 해서 하나님이 받아 주시는 것이 아니고 당신이 최악의 행동을 한다 해서 하나님이 안 받아 주시는 것이 아니라는 것을 알기 때문이다.
4. 죽음을 맞이할 때 침착하다. 친구이신 예수님께로 간다는 것을 알기 때문이다.

기도
하나님이 당신을 의롭다 하신 것에 대하여 네 가지 증거를 가지고 즐거워하라. 그리고 당신의 관점과 삶에 그 네 가지 증거들이 더욱 많이 나타나게 해 달라고 기도하라.

Romans

두 종류의 인간
이야기

로마서 5장 12-21절

한 사람의 희생이 아무리 숭고하더라도 어떻게 수많은 사람들에게 놀라운 유익을 줄 수 있는가?

아담 안에서
로마서 5장 12-14절을 읽으라.

1. 죄와 사망이 세상에 어떻게 들어오게 되었나?(12절)

2. 바울이 첫 사람 아담에 대해 얘기한다. 아담이 에덴동산에서 범죄했을 때 무슨 일이 일어났는가?(12절)

"모든 사람이 죄를 지었으므로"의 헬라어 원어를 보면, 그것은 과거의 일회성 행위다. 바울의 말은 단지 우리 모두가 아담처럼 범죄했다는 것이 아니라, 우리가 모두 아담 안에서 범죄했다는 뜻이다. 그래서 바울은 13-14절에서 하나님의 율법이 있든 없든 모든 사람이 죽었다고 말한다. 왜냐하면 아담이 한 일 때문에 모든 사람이 죄가 있기 때문이다. 그래서 "사망이 왕 노릇 하였"다(14절).

바울은 인간에게 언약적 대표가 있다는 진리를 가르친다. 그 '대표'가 성취하거나 잃으면 우리도 성취하거나 잃는다. 언약적 대표의 한 예는 대통령이나 수상이다. 그들이 전쟁을 선포하면, 모든 국민이 전쟁을 한다. 그들이 평화를 이루면, 온 나라가 평화롭다. 그들이 하는 것을 온 나라가 한다.

하나님 앞에서 아담은 인간을 대표하는 언약적 '대표'다. 아담이 한 것에 따라 하나님이 우리를 대하신다. 그러므로 아담이 범죄했을 때, "모든 사람이 죄를 지었으므로 사망이 모든 사람에게 이르렀"다(12절).

그리스도 안에서
로마서 5장 15-21절을 읽으라.

3. 또 다른 언약적 대표는 누구인가?(15절)

아담은 "오실 자"이신 그리스도의 "예표"(모형)이다(14절). 그런 면에서 아담과 그리스도 모두 인간의 언약적 대표다. 그들의 공로나 한 일이 인류에게 전가된다.

4. 인간이 아담에게 속했기 때문에 일어나는 일은 무엇인가?(16-19절)

5. 인간이 그리스도께 속했기 때문에 일어나는 일은 무엇인가?(16-19절)

존 스토트는 핵심을 말했다. "우리가 정죄받느냐 의롭다 하심을 받느냐는 우리가 어느 인류에 속하느냐에 달렸다.… 아담이 시작한 옛 인류인지, 그리스도가 시작하신 새 인류인지 말이다."

그리스도가 우리의 대표자시면 하나님이 그리스도에 관한 모든 사실을 우리에게 동일하게 적용하신다. 예수님이 어떤 분이신지, 어디 계시고 무엇을 하시는지 생각해 보라. 하나님은 당신도 그렇게 보신다.

기도

예수님이 삶과 죽음으로 순종하신 것에 대해 하나님께 감사하라. 하나님이 언약적 대표를 통해 당신을 대하셔서 그리스도의 삶과 죽음이 당신의 삶과 죽음인 것에 감사하라.

Day 62

그리스도와의
연합

로마서 6장 1-5절

복음에는 의(義)를 받아들인다는 개념이 있다(인간 스스로 의를 이루는 것이 아니다). 그러한 복음에 대해 이의를 제기하는 사람들이 있다. 바울은 이에 대하여 네 가지 질문으로 대처한다. 첫 번째 질문을 살펴보겠다.

질문
로마서 6장 1절을 읽으라.

　1. 사람들이 제기하는 이의는 무엇인가?

바울은 그리스도와의 "연합" 교리를 다시 설명하고 적용한다. 그것은 그리스도에 대한 모든 사실이 우리에게도 해당된다는 진리다. 바울이 5장 12-21절에서 그것을 제시했다.

그러나 어떤 면에서 이 질문은 로마서의 새로운 문단으로 이어진다. 1-5장에서는 하나님이 우리를 위해 복음으로 무엇을 성취하셨는지 말한다. 6-8장에서는 복음을 통해 하나님이 우리 안에 무엇을 성취하실 것인지 말한다.

답변
로마서 6장 2절을 읽으라.

2. 그리스도인에게 무슨 일이 일어났는가?

3. 그러므로 그리스도인은 이제 무엇을 하지 말아야 하는가?

"죄에 대하여 죽었다"는 것은 이제는 죄를 못 짓는다거나 죄를 짓기 원하지 않는다는 게 아니다(이는 로마서 7장에서 말할 것이다). 그 의미는 어떤 사람이 그리스도인이 된 순간, 이제는 죄의 통치, 권능, 통제 아래 있지 않다는 것이다.

따라서 "죄 가운데 살다"는 죄를 짓는다는 의미가 아니다(만일 그런 의미라면 모든 사람이 "죄 가운데 살" 것이다). 그 의미는 "죄 가운데서 헤엄치다", 즉 죄가 삶의 원동력이라는 의미다. 따라서 "죄 가운데 살다"는 죄를 슬퍼하지 않고 관용하며 죄와 싸우지 않아서 죄를 이기지 못하는 것이다.

교리

로마서 6장 3-5절을 읽으라.

당신이 그리스도인이 되었을 때 무슨 일이 일어났는가?(3-4절—여기서 바울이 말하는 "세례를 받다"는 회심을 말한다.)

4. 당신이 "연합한 자"가 되면 어떤 일이 일어나는가?(5절)

이것은 그리스도와의 연합을 완벽히 설명한다. 우리가 예수님을 신뢰하면 "그 안에" 거한다. 그분에 대한 모든 사실이 이제 법적으로 우리에 대한 사실이다. 그분이 죽으셨을 때 우리도 죽었다. 그분이 부활하셨을 때 우리도 부활했다.

이는 "그리스도가 나를 구원하셨으므로 나는 이제 죄를 못 짓는다"는 생각에 대한 답변이 된다.

◇ 적용

비록 당신이 죄에 순종할 수 있고, 때로 죄에 순종할 것이지만, 엄밀히 말해서, 이제 당신은 죄에 순종할 수밖에 없는 것은 아니다. 이 사실이 어떻게 당신에게 격려와 도전이 되는가? 당신의 삶에 "죄 안에 살" 위험이 있는 부분이 있다면 어디인지 생각해 보라.

만약 당신이 그리스도인이라면 그리스도와 연합했다. 당신의 죄악된 옛 자아가 그리스도와 함께 죽었고 당신은 부활해 그리스도와 함께 새생명을 가졌다.

5. 어떻게 이것이 옛 방식으로 살지 않도록 동기를 부여해 주는가?

Day 63

만일 우리가
그리스도와 함께 죽었으면

로마서 6장 6-14절

이제 바울은 그리스도 안에서 우리의 신분에 대하여 설명하고, 죄와 우리의 관계가 어떻게 바뀌었는지 설명한다.

당신은 죽었다
로마서 6장 6-7절을 읽으라.

   1. 당신이 그리스도인이라면, 옛 "당신"에게 무슨 일이 일어났는가?(6절) 그 결과는 무엇인가?(6절)

"옛 사람"과 "죄의 몸"은 같지 않다. 옛 사람은 그리스도인이 되기 전의 "나"다. 바울은 그 사람이 죽었다고 말한다. 예수님의 죽음과 함께 죽었다. 이제 완전히 새로운 "나"가 여기 있을 뿐이다. 그러나 죄의 몸은 여전히 존재한다. 그것은 우리 몸을 통해 표현되는 죄다.

그러므로 죄가 여전히 큰 힘을 가지고 우리 안에 거하지만 우리의 성격과 삶을 통제하지 않는다. 죄를 짓는 것밖에 못하던 사람은 죽었고 우리는 "죄에서 벗어"났다. 그러므로 비록 우리가 여전히 죄를 짓는 육체에 속해 있지만, 죄짓는 행동은 우리의 가장 깊은 자기인식 및 정체성과 반대다.

악한 군대가 한 나라를 완전히 장악했는데 좋은 군대가 쳐들어와서 힘을 빼앗고 악한 군대를 수도와 권좌에서 몰아냈다고 상상해 보자. 악한 군대가 권력을 잃고 패배했지만, 나라 안의 여러 지역에서 아직 게릴라전으로 해를 끼칠 수 있다. 그리스도인도 마찬가지다. 죄가 권좌에서 쫓겨나서 우리를 마음대로 지배하지 못하지만 여전히 거세게 대항한다.

당신은 산다
로마서 6장 8-14절을 읽으라.

2. 앞으로 우리에게 무슨 일이 일어날 것이고, 이유는 무엇인가?(8-9절)

예수님이 죽음으로 우리의 죄를 단번에 영원히 처리하셨다. 죽음 후 예수님의 삶은 하나님께 대하여 사는 삶이다(11절).

3. 우리는 그 진리에 어떻게 응답해야 하는가?(11절)

4. 그것은 우리가 무엇을 하지 말고 무엇을 해야 한다는 의미인가?(12-13절)

우리는 "죄에 대하여 죽"었다(2절). 바울은 "너희 자신을 죄에 대하여는 죽은 자로 여길지어다"(11절)라고 말한다. 왜냐하면 죄에 대해 죽었다는 것은 특권, 법적 권리와 같기 때문이다. 우리는 그 특권을 삶에서 사용하고 그 진리 안에서 살아야 한다. 만일 그렇게 하지 않는다면, 경제적 어려움을 겪는 사람이 막대한 돈을 상속받고도 사용하지 않는 것과 같을 것이다. 죄에 대하여 죽고 하나님께 대하여 산 자로 살 때만 죄의 권세로부터 자유로운 삶을 경험할 것이다.

⊘ 적용

지금 내 삶의 어느 자리에서 죄와 격렬히 싸우고 있는가. 내가 그리스도 안에서 누구인가를 기억하는 일이 앞으로 죄와 싸울 때 어떤 도움이 될지 생각해 보라.

Romans

죄로부터
해방

로마서 6장 15-23절

그리스도와 함께 죽은 그리스도인은 "죄에서 벗어나"(7절) 이제는 "법 아래에" 있지 않다 (14절). 그러므로 이제 우리는 자유를 얻었기에 마음대로 살아도 될 것인가.

…의 종

로마서 6장 15-18절을 읽으라.

   1. 두 주인의 종이 될 수 있는가?(16절)

   2. 바울은 그리스도인의 회심을 어떻게 종의 삶에 비유하는가?(17-18절)

아무도 자유롭지 않다. 모든 사람이 사물 혹은 사람의 종이다! 우리 모두가 자신을 어떤 제단에 제물로 바치고, 명분을 가지고 섬기고, 삶에서 최고의 선으로 보는 것을 위해 종이 된다. 우리가 섬기는 것이 곧 우리의 주인이 된다. 그것이 우리의 행동과 태도를 지배하기 마련이다.

바울은 근본적으로 두 가지 주인이 있다고 말한다. 그것은 하나님(순종과 의) 그리고 죄다. 우리가 하나님께 순종하지 않기로 선택할 때마다 자유로워지기로 선택하는 것이 아니다. 그것은 구주가 아닌 죄의 종이 되기로 선택하는 일이다.

◇ 적용

순종하지 않기로 선택할 때 벌어지는 일은 무엇인가. 불순종을 선택했을 때를 떠올려 보라. 같은 상황이 된다면 어떤 선택을 할 것인가.

두 가지 종살이

바울은 두 가지 종살이의 기원, 발달, 결과를 대조한다. 첫째로, 바울은 "너희가 본래 죄의 종이더니"라고 말한다(17절). 그것이 우리의 본성이다. 우리는 태어날 때부터 죄의 종 상태다. 그러나 "교훈(복음) … 을 마음으로 순종하여" 하나님의 종이 되었다(17절). 두 번째 종살이는 우리가 회심할 때 시작된다.

로마서 6장 19-23절을 읽으라.

3. 죄의 종으로 살 때 무슨 일이 일어나는가?(19절)

4. 의의 종으로 살 때는 무슨 일이 일어나는가?(19절)

우리의 행동과 동기는 인격을 형성한다. 다음에 다시 그렇게 행동하는 게 더 자연스러워진다.

5. 죄의 종이 되는 결과는 무엇인가?(21, 23절)

바울은 미래의 영원한 죽음만 아니라 현재의 죽음, 사람들이 "당장 겪는 죽음"에 대해서도 말한다(21절). 삶 속의 죽음은 삶의 황폐함이다. 만일 우리가 하나님 외의 다른 것에 종살이를 하면, 만족과 안정이 아니라, 걱정, 자기연민, 부적절감, 시기 등을 거둘 것이다.

6. 하나님의 종이 되는 결과는 무엇인가?(23절)

⊘ 적용

19절을 삶에 적용해 보라. 만일 어떤 사람이 당신에게 "그리스도인이 되면 자유를 포기해야 하니까 나는 그리스도인이 되고 싶지 않아요"라고 말할 수 있다. 그때 어떤 말을 해야 할지 생각해 보라.

Romans

Day 65

종 외의
다른 비유

로마서 7장 1-6절

바울은 종의 비유로 하나님과의 관계, 죄와의 관계를 설명했다. 이제 바울은 다른 비유를 사용한다.

죽음이 우리를 갈라놓을 때까지
로마서 7장 1-3절을 읽으라.

1. 바울이 말하는 '관계'는 무엇인가?(2-3절)

2. 결혼의 구속력을 중지시키는 것은 무엇인가?

사별의 경우

로마서 7장 4-6절을 읽으라.

우리는 전에 율법과 "결혼했고" 율법에 구속되었다. 율법은 좋은 남편이 아니었다. 왜냐하면 우리가 율법을 만족시킬 수 없었고 (앞으로 살펴보겠지만) "율법으로 말미암는 죄의 정욕이 … 역사"했기 때문이다(5절). 율법은 우리의 가장 악한 면을 불러일으켰다.

3. 율법과 결혼한 결과는 무엇인가?(5절 마지막)

4. 그러나 이제 무슨 일이 일어났고, 그 일이 어떻게 일어났는가?(4절)

2-3절의 비유에서, 남편이 죽은 여인은 재혼할 자유가 생긴다. 즉 우리에게는 그리스도의 죽음으로 "재혼할" 자유가 생겼다.

5. 이제 우리는 누구에게 속하는가?(4절)

얼마나 놀라운 비유인가! 우리는 그리스도와 결혼했다. 그리스도인이 되는 것은 우리가 예수님과 사랑에 빠져서 결혼처럼 법적, 개인적, 포괄적인 관계에 들어가는 것이다. 삶의 어느 부분도 영향을 받지 않는 것이 없다.

　결혼하면 자유와 독립성을 잃는다. 결혼하면 자기 마음대로 살 수 없고 의무와 책임이 따른다. 그러나 결혼하지 않으면 갖지 못할 사랑, 친밀감, 용납, 안정감을 가질 수 없다. 그러므로 결혼해서 자유를 잃게 되는 것은 부담이 아니라 기쁨이다. 부부 사이에서는 사랑하는 배우자의 바람과 소원 때문에 서로의 삶 전체가 영향을 받고 변화된다. 배우자를 기쁘게 할 때 나도 기쁘다. 부부는 사랑하는 이가 뭘 바라는지 알기 원하며 그것에 자신을 맞춘다.

이 비유를 통해 바울은 왜 그리스도인이 하나님께 순종해야 하는지 궁극의 답변을 내놓는다. 우리는 더 이상 죄의 종이 아니라, 하나님의 종이다. 또한 우리를 구원하신 분, 우리가 속한 분을 기쁘시게 하고 싶어 한다. 율법에 순종하는 것은 우리가 사랑하는 하나님을 기쁘시게 하는 방법이다. 더이상 순종은 부담이 아니라 기쁨이다.

기도

그리스도 안에서 죽어 율법의 종살이와 율법과의 결혼에서 해방된 것을 감사하라. 이제 하나님을 주인으로, 그리스도를 남편으로 삼는 새 삶에 감사의 기도를 드리라. 아직도 죄와 율법에 지배되는 것처럼 살고 있는 부분을 하나님께 아뢰고 이제는 새사람으로 살게 해 달라고 간구하라.

Romans

Day 66

율법이
죄인가?

로마서 7장 7-12절

우리가 율법과 "결혼"했을 때 "죄의 정욕이 … 역사하여 우리로 사망을 위하여 열매를 맺게" 했다(5절). 그래서 율법이 죄악되고 죽은 것 같아 보였다.

우리가 율법을 읽을 때
로마서 7장 7-12절을 읽으라.

1. 바울은 율법이 죄라는 생각에 어떻게 대답하는가?(7절)

2. 율법의 목적은 무엇인가?(7절)

3. 율법이 그렇게 하는 것이 왜 좋은가?(3:20-21을 다시 생
각해 보라.)

율법은 우리의 죄를 밝히 드러낸다. 그러나 그것이 전부가
아니다.

4. 바울이 "탐내지 말라"는 계명을 읽을 때, 바울의 죄
성이 어떻게 작동하나?(8절)

바울은 모든 사람의 내면에는 금지된 것을 하고 싶어 하는
욕망이 있다고 말한다. 그래서 율법은 우리의 죄를 드러낸
다. 죄성은 율법을 악용하여 우리로 하여금 죄를 짓게 한다.

자신을 어떻게 보는가
바울은 9절에서 그가 "전에 율법을 깨닫지 못했을 때에는
… 살았"다고 말한다. 그리스도인이 되기 전에 자신이 살
아 있는 것으로 느꼈다는 말인 것이다. 율법이 진정 요구
하는 것을 정말로 생각해 보지 못했고 율법을 그저 외적으
로 지킬 수 있는 행동 규범으로 보았기 때문에 바울은 자
신이 영적으로 살아 있고 하나님이 자신을 받으신다고 느
꼈다.

5. 그 후에는 어떻게 되었는가?(9절)

이제 바울은 올바른 자기인식을 한다. 바울은 죽었고, 도덕적 실패를 경험했고, 스스로 구원할 수 없었다. 가령 "탐내지 말라"는 계명이 바울을 "죽였다." 탐심은 하나님이 주신 것에 불만족하고 하나님이 다른 사람들에게 주신 것 때문에 속이 쓰린 것이다. 이 계명은 외적 행동에 국한되지 않고, 마음의 태도를 말한다.

바울에게 이런 일이 일어났다. 바울이 이 계명을 읽고 묵상했다. 그때 바울의 죄가 바울을 자극해 탐내게 했다. 그래서 바울은 자신이 율법 준수자가 아니라 죄인이라는 것을 깨달았다.

율법은 무엇인가

6. 바울은 율법에 대해 어떤 결론을 내리는가?(12절)

율법은 죄악되지 않지만, 바울은 죄악되고, 우리도 마찬가지다. 우리 안의 죄가 율법을 이용하여 우리를 자극하고 범죄하게 한다. 그래서 "생명에 이르게 할 그 계명이 내게 대하여 도리어 사망에 이르게" 한다(10절).

기도

하나님의 율법으로 인해 하나님께 감사하라. 율법은 무엇이 선하고 경건한지 보여 준다. 최근에 하나님의 말씀으로 죄를 어떻게 깨달았는지 고백하라. 죄성이 성경을 읽는 것을 이용해 어떤 식으로 죄짓도록 유혹하는지 보여 달라고 하나님께 간구하라. 예수님이 나를 대신하여 순종하심을 믿어서 생명을 얻게 된 것에 대하여 하나님께 감사하라.

내면의
전쟁

로마서 7장 13-25절

이제 우리는 성경에서 가장 놀랍고 정직한 본문에 이른다. 많은 사람들이 바울이 여기서 비신자일 때의 이야기를 한다고 주장한다. 그러나 그리스도인일 때의 이야기를 하는 것일 가능성이 더 크다. 동사가 현재 시제이기 때문이다. 바울은 말한다. "내 속사람으로는 하나님의 법을 즐거워하되"(22절). 그것은 그리스도인만 할 수 있는 것이다(8:7 참조). 바울은 힘들 때도 예수님이 구해 주실 것을 안다(7:24-25).

두 바울
로마서 7장 13-25절을 읽으라.

1. 바울의 "속사람"은 어떠한가?(22절)

2. 그러나 바울은 또 어떠한가?(23절)

3. 그 결과는 무엇인가?(15, 19절)

우리는 어떤 면에서 모두 다중 자아를 갖는다. 때로는 이렇게 하고 싶고 때로는 저렇게 하고 싶다. 우리는 모두 "어느 것이 나의 진정한 자아인가?"라는 질문에 직면한다.

비록 내면에 전쟁이 있더라도 그리스도인은 답을 안다. 우리의 내적 자아, 가장 깊은 마음에서는 하나님을 구하고 하나님의 율법을 사랑하며 살고 싶어 한다. 그러나 우리 안에 강력한 죄의 중심이 여전히 남아 있다. 그것은 우리의 죄성 혹은 육신이다. 바울은 그것이 "내가 … 미워하는 것"을 추구한다고 말한다(15절). 그래서 바울은 "원함은 내게 있으나 선을 행하는 것은 없노라"고 말한다(18절).

◇ 적용
내면의 전쟁을 어떻게 다루어야 할지 생각해 보라.

두 가지 부르짖음

4. 바울이 자신에 대해 내리는 결론은 무엇인가?(24a절) 왜 그것이 정확한가?

5. 그 절망의 부르짖음 외에 바울이 부르짖는 것은 무엇이며 그 이유는 무엇인가?(24b-25a절)

이것은 그리스도인의 두 가지 부르짖음이다. 바울은 자신에 대해 정직하면서도 하나님이 어떤 분이신지를 기억한다. 십자가상에서 그리스도가 바울을 죄의 형벌로부터 구하셨고, 언젠가 다시 오실 때는 아예 죄의 존재로부터 구원하셔서 그때는 죄가 존재하지도 않을 것이다. 로마서 8장 10-11절을 읽으라.

◇ 적용

바울의 고백이 어떤 위로가 되는가. 당신은 비참한 상태를 인정하기보다 죄에 대해 핑계를 대는 경향이 있는가, 또는 실패했더라도 그 실패를 능가하는 그리스도의 구원이 있다는 것을 잊는 경향이 있는지 생각해 보라.

기도

하나님 아버지, 저는 악합니다. 그러나 그리스도 예수를 통해 저를 구원해 주시니 너무나 감사합니다. 아멘.

Day 68

하나님과의
올바른 관계

로마서 1-7장

오늘은 로마서 1-7장을 살펴보아 하나님이 백성에게 주시는 큰 약속들을 누리고 묵상해
보자. 성경 구절들을 보며 다음의 질문들에 답하라.

1. 나에게 무엇을 약속하시는가?

2. 그리스도인이라는 것은 어떤 의미를 갖는가?

3. 만일 내가 이것을 더 깊이 믿는다면, 내 마음과 삶이 어떻게 달라질까?

어떻게 의를 주시는가
로마서 1장 2-4, 17절, 3장 20-26절을 읽으라.

어떻게 의가 임하는가
로마서 1장 17절, 3장 22절, 4장 16절, 6장 3-5절을 읽으라.

의가 우리를 어떻게 변화시키는가
로마서 5장 1-5절, 6장 1-2, 11-13절, 7장 22-25a절을 읽으라.

◇ 적용
4장에서 아브라함이 "하나님은 죽은 자를 살리시며 없는 것을 있는 것으로 부르시는 이"이심을 발견한 것을 보았다 (4:17). 그것은 하나님이 우리를 위해 행하신 모든 것을 잘 요약해 준다. 하나님이 당신의 삶에 어떤 식으로 역사하셨는지 생각해 보라.

기도
로마서 1-7장 중 당신에게 특히 다가오고 감동과 용기를 준 진리들로 인해 하나님께 감사하라.

Romans

Day 69

…하려
하심이니라

로마서 7장 25-8장 4절

이제 우리는 성경 전체에서 가장 사랑받는 장에 이르렀다.

그리스도 예수 안에 있는
로마서 7장 25-8장 2절을 읽으라.

　1. 8장 1절에서 "그리스도 안에" 있으면 어떻다고 말하는가? 왜 이것이 놀라운 뉴스
　　인가?

　2. 그리스도인들에게 또 무슨 일이 일어났는가?(2절)

바울이 1절에서 말한 문장은 단지 우리가 정죄를 받지 않는다는 말보다 훨씬 더 강하다. 결코 정죄함이 없다. 그럴 가능성이 전혀 없다. 우리가 단지 정죄를 받지 않는 게 아니라, 결코 정죄받을 수 없고, 결코 정죄받지 않을 것이다.

3. 죄에 대한 우리의 반응에 어떤 영향을 미치는가?

4. 또 미래를 보는 우리의 관점에 어떻게 영향을 미치는가?

7장에서 바울은 그리스도인도 여전히 내주하는 남은 죄, 즉 "내가 … 미워하는 것"(7:15)과 씨름한다는 것을 보여 주었다. 그러나 그런 동시에 그리스도인은 이제 죄, 즉 "내가…미워하는 것"을 정말로 혐오하는 경험을 한다.

  말할 것이 더 있다. 그들이 비록 죄를 지으나 "그리스도 예수 안에" 있는 자들에게는 "이제 … 결코 정죄함이 없"다. 그것은 그들이 순종해서가 아니다(7장에서 마땅히 해야 할 만큼 잘 순종하는 그리스도인은 없다는 것을 설명했다). 우리에게 결코 정죄함이 없는 것은 하나님의 아들과 성령이 하시는 일 때문이다(8:2). 또 이제 성령이 역사하셔서 우리가 할 수 없는 것을 하시기 때문이다. 즉 성령이 죄를 이기신다. 그래서 8장에서는 성령의 역사에 대해 말한다.

자기 아들

로마서 8장 3-4절을 읽으라.

5. 왜 율법은 우리를 사망으로부터 자유로워지게 못하는가?(3절)

6. 하나님이 그것을 어떻게 이루셨는가?(3절)

7. 하나님이 이루시고자 한 것은 무엇인가?

하나님이 죄의 법적 형벌인 사망을 그분의 아들 안에서 이기셨다. 그러나 그것이 전부가 아니다. 하나님이 그분의 아들이 하신 일을 통해 이제 성령을 백성에게 보내시고 삶의 죄를 씻어내신다. 그래서 이제 "우리에게 율법의 (의로운) 요구가 (온전히) 이루어"진다(4절). 어떻게 그럴 수 있는가? 왜냐하면 우리가 "육신을 따르지 않고 그 영을 따라 행하기" 때문이다.

4절은 말한다. 그리스도가 우리를 위해 하신 모든 것, 즉 성육신, 삶, 죽음, 부활은 우리가 거룩한 삶을 살게 "하려 하심이다." 예수님의 목적은 우리의 존재를 거룩하게 하고 거룩한 삶을 살 수 있게 하시려는 것이었다.

이것이 거룩한 삶을 사는 가장 큰 동기다. 우리가 죄를 짓는다면 그럴 때마다 그리스도 예수의 사역 전체의 목표와 목적을 좌절시키는 것이 된다. 만일 이 말로도 거룩한 삶을 살려는 동기가 생기지 않는다면, 다른 아무것으로도 되지 않을 것이다.

⊘ 적용

삶의 어느 부분에 이 진리의 말씀을 적용할 수 있을지 생각해 보라.

생각의
관리

로마서 8장 5-14절

생각은 삶과 연관이 깊다. 무엇을 생각하는가가 인격을 형성하고 행동으로 표현된다.

생각을 두라

로마서 8장 5-8절을 읽으라.

1. 사람들이 생각을 "둘" 수 있는 두 가지는 무엇인가?(5절)

생각을 두는(set your mind) 것은 단지 생각(think)하는 것 이상이다. 그것은 어떤 것에 골똘히 집중하는 것, 몰두하는 것, 거기에 주의를 기울여 상상이 거기에 사로잡히는 것이다. 다른 신경 쓸 일이 없을 때, 무엇을 생각하느냐가 당신이 정말로 무엇을 위해 사느냐를 보여 준다.

◇ 적용

혼자 있을 때 주로 무엇을 하는가? 그것은 당신의 생각이 어디에 있다고 알려 주는가?

영적 세계

로마서 8장 9-14절을 읽으라.

2. 누가 성령의 지배를 받는가?(9a절)

3. 누구에게 성령이 있는가?(9b절)

4. 그리스도인은 어떠한가?

- 현재(10절):

- 미래(11절):

5. 그리스도인은 어떻게 해야 하는가?(12절)

그리스도인은 죄성(혹은 "육신")대로 살아서 죽는 자가 아니다(13절). 우리는 "몸의 (잘못된) 행실을 죽이는 자가 될" 것이고, "몸의 (잘못된) 행실을 죽여야" 한다. 바울은 우리가 살리심을 받았고(10절), 언젠가 새로워진 몸을 가질 것이라고(11절) 말한다. 현재 우리는 성령의 능력으로 죄성을 죽인다.

즉 죄악된 행동에 결연히 전심으로 저항해야 한다. "죽이다"(put to death)는 거칠고 압도적인 표현이다. 즉 잘못된 태도와 행동에 전쟁을 선포하는 것이다. 그리스도인은 죄와 장난치지 않고 죄를 죽인다.

또한 그것은 단지 죄짓는 행동을 하지 않으려고 저항하는 것이 아니라, 복음을 마음에 적용하는 것이다. 지금 우리에게 영적 생명을 주시고 장차 우리에게 완전한 몸을 주실 분에 대한 책무를 기억해야 한다. 다 상상할 수도 없는 그리스도의 사랑에 늘 거할 때만 죄를 뿌리부터 자를 수 있다. 죄는 우리가 하나님으로부터, 또는 삶에서 모든 것을 당연히 받아야 한다고 생각할 때 자란다. 반면에 우리가 하나님께 빚진 자라는 것을 기억할 때 경건이 자란다. 죄를 죽이는 것은 "영의 일을 생각하"는 것의 일부다(5절).

◇ 적용

당신이 씨름하는 죄의 패턴을 적어 보라. 그 패턴에서 벗어나기 위해, 또 그 죄를 죽이기 위해 해야 할 일을 고민하라. 그리스도에 대해, 그리고 당신이 그리스도께 빚졌다는 것에 대해 자신에게 해 줄 말을 생각해 보라.

Day 71

입양된
상속자

로마서 8장 15-17절

이 짧은 몇 구절들은 그리스도인이 성령 안에서 하나님과 누리는 관계를 잘 요약해 준다.

하나님의 자녀
로마서 8장 15-17절을 읽으라.

　1. 누가 "하나님의 아들"인가?(14절)

15절에서 보면 아들이 "받은" 신분이며, 자연적인 것이 아니다. 우리는 하나님의 자녀로 태어나는 것이 아니라, 성령을 받아들일 때 하나님의 가족으로 입양된다.

　로마에서는 자녀가 없는 부자의 경우 상속자를 선택하여 입양할 수 있었다(그 상속자는 남자이므로 바울은 모든 그리스도인을 남녀 막론하고 "아들"로 묘사한다). 입양이 이루어지는 순간 다음의 일들은 자연스레 벌어진다.

- 새 아들의 빚이 청산되었다.
- 새 이름이 생기고 아버지의 모든 소유의 상속자가 된다.
- 새 아버지가 그의 모든 행동을 책임진다.
- 새 아들은 아버지를 기쁘시게 하고 공경할 의무가 생긴다.

2. 그것과 마찬가지로 하나님께 입양된 것이 어떻게 놀라운 결과를 주는가?

자녀의 특권
하나님의 아들로 입양될 때의 특권은 무엇인가?

- 15a절:

- 15절 마지막:

- 16절:

- 17절:

15절에서 바울은 두 "영"을 구별한다. 즉 하나님에 대해 생각하고 하나님과 관계하는 두 가지 방법이 있다. 첫 번째는 "무서워하는" 태도다. 그것은 종의 태도다. 종은 순종해야만 하기 때문에 순종한다. 종은 처벌을 무서워하고 마음이 불안하다. 그 관점은 이렇다. "하나님을 위해 일을 잘해야 해. 그러면 하나님이 보상해 주실 거야. 내 기도에 응답하시고 나를 보호해 주시고 여러 가지를 해 주실 거야. 그러나 만일 내가 잘 못하면, 나를 해고하실지 몰라."

그러나 바울은 우리와 하나님의 관계가 그렇지 않다고 말한다. "너희는 양자의 영을 받았"다. 성령은 하나님을 주인이나 상사가 아니라 아버지로 여기며 나아갈 수 있게 해 주시고 확신을 주신다. 어린이는 아빠를 사랑해서 순종하고, 항상 용서받고 무조건적으로 사랑받아서 심령이 안정된다. 그런 관점으로 우리는 말해야 한다. "나는 하나님의 자녀야. 하나님은 나를 사랑하시고 나에게 과분하게 베풀어 주실 거야. 내가 잘하든 못하든 가족 안에서 나의 자리는 바뀌지 않아. 내가 사랑하는 아버지시니까 아버지를 위해 열심히 일하고 싶어."

기도

우리는 하나님을 "아빠 아버지"라고 부를 수 있는 특권을 가졌다. 잠시 기도를 통해 하나님과의 친밀함을 누리라. 당신의 힘들거나 슬픈 부분을 도와달라고 부르짖으라.

고대하는 바

로마서 8장 18-27절

현재 이 세상과 우리(각 사람)는 본래의 모습을 잃었다. 그러나 언젠가 우리는 본래 모습을 되찾을 것이다. 바울은 그 확실성을 "소망"이라고 한다.

자연의 종착지

로마서 8장 18-25절을 읽으라.

1. 바울은 자연에 대해 무엇이라고 말하는가?

- 20절:

- 22절:

피조물이 "썩어짐의 종 노릇" 하고(21절), 죽음과 부패의 순환에 갇혀 있다. 생명은 항상 죽음으로 끝난다.

2. 바울은 자연의 미래가 어떻게 될 것이라고 말하는가?(21절)

3. 언제 그렇게 되는가?(19절)

하나님의 자녀요 상속자라는 우리의 신분에 걸맞은 영광이 온전히 드러날 때, 자연도 그 영광을 얻게 될 것이다. 그때 임할 영광이 너무나도 강력하여 그 영광이 우리에게 임할 때 창조 질서 전체도 감싸서 영화롭게 할 것이다.

어떤 사람들은 물질 세계를 본질적으로 악하게 봐서 멀리하고 신체적 쾌락도 조심해야 한다고 말한다. 또 어떤 사람들은 물질 세계가 전부이며 본질적으로 선하므로 신체적 안락, 쾌락, 아름다움을 즐기고 그것을 위해 살아야 한다고 여긴다.

4. 이 구절들에서 피조 세계를 보는 관점은 위의 관점들과 어떻게 다른가?

5. 기독교적 관점으로 세상을 보면, 세상을 대하는 태도가 어떻게 달라질 것인가?

우리의 종착지

6. 바울은 신자에 대해 무엇을 말하는가?

- 19절:

- 21절:

- 23절:

우리는 앞에서 성령 충만한 하나님의 아들이 되는 것이 얼마나 놀라운지 보았다. 그러나 이 모든 것은 우리가 미래에 누릴 추수의 "첫 열매" 전조에 불과하다. 미래에는 우리의 몸과 영이 죄와 사망의 영향으로부터 완전히 자유로울 것이다.

7. 그날을 어떻게 기다릴 것인가?(23, 25절)

성령이 어떻게 도우시나
로마서 8장 26-27절을 읽으라.

8. 기다릴 때, 성령이 우리를 어떻게 도우시나?

9. 고통당할 때, 기도하기 힘들 때, 성령이 도우신다는 사실이 어떻게 격려가 되는가?

기억해야 할 진리는 우리가 너무 연약해서 하나님의 자녀로서 행동하기 어려울 때, 성령님이 우리를 도우신다는 사실이다.

기도

기도하기 어려운 순간이 있다. 자신의 힘으로 해결하기 어렵고 기도조차 하기 힘든 순간이 존재한다. 그때 용기를 내어 하나님 앞으로 문제를 가져오고, 성령님이 나의 생각과 감정을 다스리시며 대신 기도해 주실 것을 신뢰하라. 만물이 새로워질 것을 간절히 기다리며 인내하게 해 달라고 간구하라.

Day 73

확신하는
신앙

로마서 8장 28-30절

그리스도인은 확신에 찬 사람이지만 그것은 자신이나 환경에 대한 확신이 아니다. 8장 끝부분에서 바울은 깊고 흔들리지 않는 확신에 대해 말한다.

무엇을 확신하나

로마서 8장 28절을 읽으라.

1. 바울은 우리가 무엇을 "안다"고 말하는가?(28절)

2. 그것은 어떤 사람들에게 해당되는가?(28절)

그리스도인은 삶의 비극과 고단함이 닥칠 때 놀라지 않는다. 우리는 저절로 잘될 것이라고 기대하지 않는다. 합력하여 선이 이루어지는 것은 하나님을 사랑하는 자녀인 우리에게 은혜가 역사하기 때문이다. 우리는 설령 어떤 것이 잘못되더라도 하나님이 우리를 위해 선을 이루고 계심을 확실히 안다. 즉, 우리는 삶에 대해 긍정적이지만, 지나치게 감상적이거나 비현실적이지 않다.

◇ 적용

28절 말씀을 의지하여 다음과 같은 때에도 확신을 가질 수 있는지 적어 보라.

- 좋은 때:

- 나쁜 때:

- 실패했을 때:

3. 28절이 오늘날에도 진리임을 왜 특별히 기억해야 할까? 그러면 본능적으로 슬퍼하거나 걱정할 상황에서도 어떻게 즐거워하게 되는가?

선이란 무엇인가

로마서 8장 29-30절을 읽으라.

4. 이 구절들에서 역사에 대한 하나님의 궁극적인 목적은 무엇인가?

5. 30절의 각 단어가 무엇을 의미한다고 생각하는가?

6. 하나님은 우리가 무엇을 본받도록 역사하시는가?(29절)
   이것을 보면 우리의 궁극의 "선"(28절)은 무엇인가?

7. 당신의 삶에서 일이 "잘못되어" 힘들었지만 뒤돌아
   보니 하나님의 아들을 더 닮게 하셨던 때가 있는가?

30절 말씀은 매우 놀랍다. 하나님은 창세전에 이미 우리
와의 관계 속에서 우리를 사랑으로 아셨다. 하나님이 우
리의 최후 종착지를 정하시고, 결국 우리가 하나님과 함께
영광 중에 있도록 계획하셨다. 그러고 나서 시간 속의 특
정한 때에 우리를 부르셔서 하나님을 믿게 하셨다. 우리가
믿었을 때 우리를 의롭다고 하셨다. 즉 우리를 의롭고 흠
이 없다고 선포하시고 그렇게 대하셨다. 그리고 언젠가 하
나님이 우리를 영화롭게 하실 것이다. 즉 우리의 몸과 영
혼을 완전하게 하실 것이다. 그 일은 앞으로 일어날 것이
다. 그러나 그 일은 우리가 아니라 하나님이 하시는 일이
므로 확실하다. 그래서 바울은 그 일이 이미 일어난 것처
럼 과거 시제로 말한다.

기도
본문을 묵상하여 하나님이 당신을 위해 하신 일, 하고 계신 일, 하
실 일에 대해 감사하라.

Day74

만일 하나님이
우리를 위하시면…

로마서 8장 31-39절

하나님은 자녀를 위해 선이 이루어지도록 역사하신다. 하나님이 우리를 미리 아시고, 미리 정하시고, 부르시고, 의롭다 하시고, 영화롭게 하셨다. "그런즉 이 일에 대하여 우리가 무슨 말 하리요"(31절).

4가지 질문
로마서 8장 31-34절을 읽으라.

1. 바울이 하는 네 가지 질문은 무엇인가?(당신의 말로 표현해 보라.)

• 31b절:

- 32절:

- 33절:

- 34절:

28-30절의 진리가 답이다.

2. 우리를 영화롭게 하려는 목적을 가지신 하나님은 전지전능하시다. 우리는 왜 닥쳐오는 역경을 두려워하는가?

3. 우리를 영화롭게 하려는 목적을 가지신 하나님이 이미 가장 귀한 소유인 아들을 주셨다. 그럼에도 왜 우리는 필요가 채워질지 염려하는가?

우리를 영화롭게 하려는 목적을 가지신 하나님이 우리를 의롭다고 선포하셨고, 그리스도가 우리를 위해 완전한 삶을 사시고 희생적으로 죽으시고 우리를 대신하여 하나님 아버지 앞에 서 계시는데, 왜 우리가 죄가 있다거나 용서받지 못했다고 하는 누군가(자신 포함)의 말을 듣는가?

◎ 적용

당신의 신앙과 그리스도인으로서의 삶을 적대시하는 사람이 누구인가? 그때 31절은 어떤 확신을 주는가?

• 당신은 무엇에 대해 염려하는가? 영광에 이르지 못할까봐 염려한 적이 있는가? 그때 32절은 어떻게 확신을 주는가?

• 무엇 때문에 죄가 너무 커서 용서받을 수 없다고 느끼는가? 그럴 때 33-34절에서 어떻게 확신을 주는가?

누가 끊으리요

로마서 8장 35-39절을 읽으라.

4. 바울이 어떤 최종 질문을 하는가?(35a절)

5. 바울의 대답은 무엇인가?(37-39절)

다른 질문들은 이 질문의 다른 버전일 뿐이다. 정말로 두려워해야 할 것, 정말로 해로운 것은 그리스도의 사랑에서 끊어지는 일이다. 바울이 말한다. "친구여, 부르심을 받았는가? 복음이 능력으로 영혼에 임했는가? 하나님께 의롭다 함을 얻게 해 달라고 간구했는가? 그렇다면 이것을 깨달으라. 하늘의 위대한 하나님이 영원 전부터 당신을 사랑하시고 당신과 영원히 가족으로 살려는 계획을 실행하고 계시므로 그것이 이루어졌다."

하나님의 사랑은 우리의 태도나 행동에 달려 있지 않다. 만일 그렇다면, 우리는 삶이나 미래에 대한 확신을 갖지 못할 것이다. 그것은 오로지 하나님의 계획과 결정에 달렸다. 아무것도 우리를 하나님의 사랑으로부터 끊지 못한다. 그래서 우리는 굳건한 확신 속에 살 수 있다.

기도

오늘 하나님이 주신 마음을 붙잡고 기도하라. 아무것도 우리를 하나님의 사랑에서 끊을 수 없음을 기억하며 감사의 기도를 드리라.

Day 75

하나님의 자비로운
택하심

로마서 9장 1-18절

9-11장은 해석이 어렵고 논란이 많다. 시작하기 전에 하나님 말씀을 이해하는 겸손한 마음을 달라고 간구하라.

로마서 9장 1-5절을 읽으라.

1. 바울은 어떻게 느끼는가?(1b절) 왜 그렇게 느끼는가?(3-4a절)

하나님은 이스라엘을 위해 많은 것을 베풀어 주셨다(4-5절). 그러나 이스라엘의 대부분은 그리스도를 믿지 않아서 구원받지 못했다. 복음의 메시지를 그 어느 민족보다 이스라엘이 가장 잘 이해할 텐데, 왜 온 이스라엘이 믿지 않는가?

하나님이 택하신다
로마서 9장 6-13절을 읽으라.

2. 6b-7a절이 무슨 의미라고 생각하는가?

바울이 구약의 예를 든다. 아브라함에게 이스마엘과 이삭 두 아들이 있었는데 한 아들만 하나님의 백성이었다(7-9절). 리브가(이삭의 아내)가 쌍둥이인 에서와 야곱을 가졌는데 한 아들만 하나님의 백성이었다(10-13절). 여기서 우리는 세 가지를 배운다.

첫째, 에서와 야곱의 유일한 차이는 "택하심을 따라 되는 하나님의 뜻"이었다(11절). 야곱이 하나님을 택한 것이 아니라 하나님이 야곱을 택하셨다.

둘째, 그 선택은 탄생 전에 이루어졌다. "그 자식들이 아직 나지도 … 아니한 때에"(11절).

셋째, 그 선택은 사람이 얼마나 행동을 잘했는가에 근거하지 않았다. 그 선택은 그들이 뭘 하기 전에, 미래에 뭘 할 것인가에 근거하지 않고 이루어졌다(11-12절).

이것이 선택의 교리다. 야곱이 하나님의 약속을 받은 유일한 이유, 어떤 사람이 구원의 믿음을 가진 유일한 이유는 하나님의 은혜로운 선택이다. 따라서 온 이스라엘이 구원받지 않은 이유는 하나님이 온 이스라엘의 구원을 선택하지 않으셨기 때문이다.

하나님이 정의로우신가
로마서 9장 14-18절을 읽으라.

3. 바울이 무슨 이의를 제기하는가?(14절)

4. 구원은 무엇으로 말미암는가?(15-16절)

바울이 말하는 요지는 (하나님이 모세에게 말씀하셨듯이) 하나님이 택하신 누구에게든 자비를 베푸실 자유가 있으시다는 것이다. 자비를 베푸는 것은 의무가 아니다. 구원받는 것이 당연한 사람은 아무도 없다. 그러므로 하나님이 모두 구원하시든, 일부를 구원하시든, 아무도 구원하지 않으시든 완전히 정당하시다.

5. 하나님이 바로에게 하신 말씀은 무엇인가?(17절)

바로는 하나님이 "하고자 하시는 자를 완악하게" 하신 좋은 예다. 출애굽기 4-14장에서 하나님이 바로의 마음을 완악하게 하셨다(출 11:9-10). 그러나 또한 바로도 스스로 마음을 완악하게 했다(출 8:15). 둘 다 맞다. 바로 스스로 완악하게 한 마음을 하나님이 완악하게 하셨다. 로마서 1장 24절에서도 그것을 본다. 하나님은 사람을 자기 스스로 선택한 상태로 두신다. 우리는 하나님의 자비를 받을 자격이 없지만 받는다. 그러나 하나님이 어떤 사람의 마음을 완악하게 하실 때는 그 사람이 그럴만한 사람이기 때문이다.

◇ 적용
본문 말씀이 구원받았음에 감사하는 이유가 되길 기도하라. 누군가 "하나님이 어떤 사람은 구원하고 어떤 사람은 구원하지 않는 것은 불공평해"라고 말하는 것을 상상해 보라. 그에게 16-18절로 대답해 보라.

택하심이
불공평한가?

로마서 9장 19-29절

하나님의 택하심이 공정한지에 대한 이의제기가 또 있다. 하나님이 택하신 사람만 하나님을 믿을 수 있다면, 왜 믿지 않는 것이 사람들의 책임인지 살펴보자(19절).

로마서 9장 19-29절을 읽으라.

1. 19절과 같은 이의제기를 들은 적이 있는가? 혹은 당신 자신이 그렇게 느끼는가?

반문

20-21절에서 바울은 하나님이 우리를 지으셨으므로 우리에 대한 소유권을 가지신다고 말한다. 어떤 면에서 그것은 "공평함"의 질문에 대한 충분한 답변이 될 것이다. 우리가 누구이기에 감히 하나님께 반문하겠는가? 우리는 창조자께 질문할 지혜도, 권리도 없다. 시간을 내어 욥기 38장 1-41절, 42장 1-6절을 읽어 보라.

신비의 핵심

2. 하나님이 자비를 베풀지 않으신 사람들을 심판하셔서 "보여 주시는" 것은 무엇인가?(22절)

3. 하나님이 자비와 심판으로 "알게 하시는" 것은 무엇인가?(23절)

하나님이 어떤 사람에게 자비를 베푸시고 어떤 사람에게는 베풀지 않으시는 것으로 하나님의 영광이 나타난다. 그것이 신비의 핵심이지만, 우리는 그것을 잘 이해하지 못한다. 그러나 만일 하나님이 모든 사람에게 자비를 베푸시거나 모든 사람을 정죄하신다면, 우리는 하나님의 영광을 보지 못할 것이다. 가장 큰 질문은 "하나님이 모든 사람을 구원하실 수 있다면, 왜 그렇게 하지 않으시는가?"이다. 바울은 말한다. 하나님이 택하신 계획(어떤 사람은 구원하고 어떤 사람은 놔 두고)이야말로 결국 마지막에 우리가 상상할 수 있는 다른 어떤 계획보다 하나님의 영광을 가장 잘 나타낼 것이다.

구원은 하나님으로 말미암지만, 우리가 정죄받는 것은 자신의 문제이다. 진노의 그릇은 "멸하기로 준비"되었다. 그러나 그것을 누가 준비했는지 본문에 뚜렷이 나오지 않는다. 로마서 1장 18-24절, 에베소서 2장 1-3절을 보면, 그들 스스로 멸망하도록 준비되었다고 말한다. 반면에 긍휼의 그릇은 하나님의 영광을 위하여 준비되었다(23b). 구약에서 구원은 항상 하나님의 과분한 자비로 이루어졌다(24-29절).

◇ 적용

선택의 교리로 다음의 것들이 달라진다.

- 하나님을 예배하게 한다. 내가 구원받은 것에 대해 나 자신을 찬양할 수 없다. 하나님을 찬양하게 된다.
- 겸손하게 한다. 이해력, 지성, 지혜로 우리가 하나님을 선택하지 않았다. 하나님이

우리를 택하셨다. 그래서 우리는 자랑할 것이 없다.

- 전도를 더 희망적으로 보게 된다. 누구든, 가장 그럴
  것 같지 않은 사람이라도 하나님이 구원하실 수 있
  다. 그러므로 나는 최대한 모든 사람에게 복음을 전
  할 것이다.
- 확신 가운데 담대하게 한다. 하나님이 만물을 주관하
  시고 우리에게 헌신하셔서 우리를 영광에 이르게 하
  신다.

하나님께 더 간구해야 할 것을 찾아 적어 보라. 선택의 교
리가 당신을 변화시키길 간구하라.

Day 77

왜 이스라엘이
하나님을 거절했나

로마서 9장 30절 — 10장 4절

바울은 9장 29절까지 대부분의 유대인이 믿지 않는 원인을 하나님의 주권적 목적에 두었다. 그러나 이제 바울은 그들이 거절한 다른 이유를 말한다.

모순?

로마서 9장 30절-10장 4절을 읽으라.

1. 그동안 이방인은 "의를 따르지"(추구하지) 않았다(9:30). 그런데 어떻게 이제 이방인들이 의를 얻었는가?(30절)

2. 반면에 이스라엘은 "의의 법을 따라"갔지만(추구했지만) "율법에 이르지 못"했다(31절). 왜 이르지 못했는가?(32절, 10:3)

272

성경은 두 가지 진리를 나란히 제시한다.

첫째, 하나님은 구원을 포함한 모든 역사를 완전히 주관하신다(1-29절).

둘째, 모든 인간은 자신의 행동에 대한 완전한 책임이 있다(9:32-10:3).

바울은 하나님의 주권과 인간의 책임이라는 두 가지가 자기모순이고 이율배반으로 보인다고 말한다. 자기모순의 일례로, 빛이 입자로 행동할 때도 있고 파동으로 행동할 때도 있다. 우리는 어떻게 그럴 수 있는지 다 이해하지 못한다(물리적 모순으로 보인다). 그러나 미래에 더 많은 정보를 습득하면 이해할 것이라 기대한다.

하나님이 계시해 주신 것으로 우리가 말할 수 있는 것은 하나님의 역사만이 사람을 구원한다는 점이다. 한편 사람들이 구원받지 못하는 것은 복음을 거절하기 때문이다. 20세기의 목회자, 데이빗 마틴 로이드 존스가(David Martyn Lloyd-Jones) 그것을 이렇게 표현했다. "우리가 복음을 거절한 것은 우리 책임이지만, 우리가 복음을 받아들인 것은 우리 자신의 공로가 아니다."

열심의 문제

3. 다음과 같은 사실에 대하여 예상하지 못했던 것은 무엇인가?

* 이방인들이 의를 얻었다는 사실(9:30):

* 이스라엘은 의에 이르지 못했다는 사실(9:31):

4. 10장 2절에서 바울은 이스라엘의 어떤 면을 인정해 주는가? 그러나 문제는 무엇이었나?(2절마지막)

열심은 지식에 기반을 두어야 한다. 이스라엘은 오히려 열심이 있어서 복음을 듣지 않았다. 그들은 열심 때문에 심사숙고하지 않았다.

◯ 적용

2절이 주는 도전을 생각해 보라. 하나님께 열심이 있다면 심사숙고의 결과인지, 단순히 자동반사적인 열심인지 구분해야 한다. 2절 말씀이 "믿기만 하면 된다"는 통념에 주는 도전에 대해 적어 보라.

기도

당신이 받은 의에 대해 하나님께 감사하라. 당신이 구원의 믿음에 이르기까지 여정의 모든 발걸음은 하나님의 주권적 다스림 아래 있었다. 그것에 대해 지금 하나님께 감사하라.

모세가
가르치는 것

로마서 10장 5-21절

바울은 이스라엘이 그냥 몰랐던 것이 아니라, 의도적으로 복음을 거절했다는 것을 보여주려고 모세 이야기를 꺼낸다. 하나님이 모세를 통해 율법을 주셨다.

믿음으로 아는 것

로마서 10장 5-8절을 읽으라.

1. 5절에서 바울이 모세의 말을 인용한다. 모세는 사람이 어떻게 의로워진다고 말하나?

이어서 바울은 모세가 신명기 30장에서 한 말을 인용하면서 자신의 말을 덧붙인다(덧붙이는 말이 영어 성경에는 괄호 안에 있다). 로마서 10장에서 바울이 말하는 요지를 이해하기 위해 신명기 30장 1-14절을 읽으라.

바울은 본문에서 모세가 "믿음으로 말미암는 의"에 대해 말한다고 했다(롬 10:6).

    2. 믿음의 태도가 있으면 어떻게 말하지 않는가?(6-7절)

다시 말해서, 믿음은 의로워지기 위해서 무엇을 할 필요가 없다는 것을 안다. 하늘에 올라갈 필요가 없다(그리스도가 이미 하늘에서 내려오셨다). 죄를 해결하려고 당신이 죽을 필요가 없다(그리스도가 이미 그렇게 하셨다). 믿음은 모세가 신명기 30장에서 가르친 것을 안다. 즉 우리는 하나님을 떠나 각자 제 길로 갔기 때문에 저주와 벌을 받아 마땅하지만(1-2절), 하나님이 사람의 마음을 변화시킬 수 있으셔서 우리가 하나님을 사랑할 수 있게 하시고 우리에게 생명을 주셨다(6절). 그것을 위해 우리가 불가능한 어떤 것을 해야 하는 것이 아니다(11-14절). 단지 입으로 부르고 마음으로 믿으면 된다(14절).

로마서 10장 9-17절을 읽으라.

    3. 구원받기 위해 필요한 전부는 무엇인가?(9절)

본질적으로 같은 것을 두 가지로 표현한다. 즉 우리 마음에 믿는 것을 우리 입으로 시인하는 것이다.

◇ 적용

당신의 입으로 고백하고 마음으로 묵상해 보라.

• 당신은 예수님을 주로 시인하는가?

- 하나님이 그를 죽은 자 가운데서 살리신 것을 믿는가?

아직 예수를 주로 고백하지 않았다면 시간과 마음을 드려 고백해 보라.

핑계 댈 수 없다
로마서 10장 18-21절을 읽으라.

이것은 이스라엘에 대한 바울의 마지막 비난이다. 첫째로, 그들은 복음을 들었다(18절). 둘째로, 그들은 복음을 이해했다(21절). 그런데 이방인이 찾지 않던 것을 발견한 것과 달리, 이스라엘은 이해할 뿐 아니라 원한다고 하면서도 불순종했다. 더 이상 이스라엘은 핑계거리가 없다.

⊙ 적용

바울은 같은 민족인 이스라엘이 하나님을 거절한 것에 대해 핑계 대기 쉬웠지만 그러지 않았다. 당신은 가까운 관계인 비신자에게 그리스도의 메시지를 전해 주며 기도해 주는가, 아니면 그들이 믿지 않는 것에 대해 핑계를 대는 편인가. 기도하기로 결단하고 실행하라.

Day 79

하나님의
감람나무

로마서 11장 1-24절

구원은 하나님의 택하심에 달려 있다. 이스라엘은 하나님의 복음을 거절한 것에 대한 책임이 있었다. 그렇다면 하나님이 옛 백성을 결국 완전히 버리신 것인가?

완전히 버리지 않으셨다
로마서 11장 1-10절을 읽으라.

1. 질문은 "하나님이 자기 백성을 버리셨느냐"이다(1절). 1절의 질문에 대해 "그렇지 않다"고 대답할 수 있는 증거가 바울인 이유는 무엇인가?

2절은 "하나님의 백성"을 두 가지로 해석할 수 있다고 알려 준다. 하나는 온 이스라엘이고, 다른 하나는 하나님이 "미리 아신" 택하신 자들이다.

2. 하나님을 완전히 버린 것으로 보였던 엘리야 시대에 무슨 일이 있었는가?(2-5절)

이스라엘에는 하나님이 구원하시고 보존하신 신실한 남은 자들이 항상 있었다. 7절은 매우 어려워 보인다. 이스라엘은 자기 스스로 의를 세우려 했다는 것을 기억하라(10:3-4). 바울은 7절에서 말한다. 이스라엘이 모두 의를 구했지만, 의를 행위로 얻을 것이냐, 선물로 받을 것이냐의 선택에 직면했을 때, 대다수가 행위를 통해 의를 구했고, 남은 자들만이 믿음으로 의를 받았다. 그래서 대다수는 우둔하여졌다. 바로의 경우와 마찬가지로, 그들의 마음이 하나님의 은혜에 대해 우둔했고 하나님도 그런 그들의 마음을 우둔하게 하셨다.

이스라엘에 대한 바울의 소망
로마서 11장 11-16절을 읽으라.

3. 바울은 이방인이 복음으로 구원받는 것을 보고 이스라엘이 어떻게 반응하기를 바라는가?(11, 13-14절)

4. 이스라엘의 "실패"가 이방인의 무엇이 되는가?(12절)

여기서 "시기"는 부정적인 의미가 아니다. 하나님이 자신에게 주지 않겠다고 하신 어떤 것을 다른 사람이 가진 것을 보고 자기도 갖고 싶어 하는 게 아니다. 여기서 말하는 시기는 하나님이 모든 사람에게 주시는 구원의 축복을 보고 자신도 원하는 것이다. 이스라엘이 그리스도를 거절했기 때문에 이방인들이 복음을 들었고, 많은 이방인들이 그리스도를 영접했기 때문에 유대인들이 믿을 수 있다.

로마서 11장 17-24절을 읽으라.

5. 좋은 감람나무도 있고 돌감람나무도 있다. 이제 바울은 유대인과 이방인을 나무에 비유한다. 원 가지들은 어떻게 되었는가? 돌감람나무는 어떻게 되었는가?

☉ **적용**

바울이 "이방인인 너희"에게 말한다(13절). 그것은 유대인이 아닌 우리를 말한다. 유대인에게 일어난 일을 보면서 우리는 어떻게 느껴야 하고, 또 어떻게 느끼지 말아야 하는가?(20-21절) 우리도 "찍히지" 않으려면 어떻게 해야 하는가? 하나님이 우리를 택하셨다면, 우리는 계속 믿을 것이고 찍히지 않을 것이다. 우리가 하나님의 백성 중에 접붙여져 있는 것은 우리가 하나님의 주권적 사랑을 받고 있다는 것을 보여 준다.

기도

히브리서 3장 14절을 읽으라. 끝까지 견고히 잡고 있도록 기도하라.

이스라엘의
미래

로마서 11장 22-36절

이스라엘은 과거에 하나님의 백성이었다. 하나님이 그들에게 메시아를 약속하셨고 보내셨다. 그러나 그들은 메시아를 거절했다. 이스라엘의 미래는 어떻게 될 것인가?

영광스러운 미래

로마서 11장 22-24절을 읽으라.

1. 하나님이 "돌감람나무" 가지(즉 이방인)도 구원하셨으니, 모든 것을 할 수 있으실 것인가?(24절)

로마서 11장 25-32절을 읽으라.

2. 바울이 밝히는 "신비"는 무엇인가? (25-26a절)

3. 26절의 처음 부분이 놀랍다! 누구에 대해 무엇을 말하는가?

바울은 인종적 이스라엘, 즉 모든 유대인들에 대해 말하는 것이 분명하다. 25절에서 "이스라엘"을 그런 의미로 말하기 때문이다. 그러나 "온 이스라엘"은 단 한 명의 예외도 없는 모든 유대인을 말하는 것이 아니라, 유대인의 대다수를 말한다(특히 32절을 보면, 바울은 "모든"을 분명히 그런 의미로 사용한다). 그들이 구원받을 것이다. 바울이 26-27절에 인용한 구약을 보면, 그들의 죄를 구원자 예수님이 없이 하신다고 했다. 어느 날 이스라엘이 예수 그리스도를 통해 구원받을 것이라고 바울이 말한다. 그 일이 갑자기 일어날지, 점진적으로 일어날지 정확히 모른다. 그러나 어느날 갑자기 대부분의 유대인들이 예수님을 믿게 될 것이다.

◎ 적용
당신은 하나님의 옛 백성, 이스라엘의 구원을 위해 기도하는가? 메시아의 복음으로 전도할 유대인을 아는가? 그들을 위해 잠시 기도하라.

영광스러운 하나님
로마서 11장 33-36절을 읽으라.

4. 이 구절들의 분위기는 앞의 세 장과 어떻게 다른가?

5. 바울은 무엇에 대해 하나님을 찬양하는가?

우리는 바울의 예배를 통해 다음의 것들을 배울 수 있다.

- 진리 없이 예배하지 말아야 한다. 바울은 여기서 구약을 한가득 인용했다. 성경이 모든 찬양의 중심이어야 한다.
- 예배 없는 성경 공부를 하지 말아야 한다. 9-11장은 복잡하고 깊은 교리를 다룬다. 바울은 거기에 찬양으로 반응한다. 바울은 진리를 통해 하나님을 보고 예배한다.
- 하나님을 높이는 교리는 큰 기쁨을 준다. 우리 자신의 연약함과 의존성, 그리고 하나님의 택하심에 나타난 하나님의 주권과 긍휼을 볼수록 하나님을 더 예배하게 된다.
- 모든 것을 다 이해해야만 하나님을 찬양할 수 있는 것은 아니다. 바울은 하나님의 길을 찾지 못할 것을 알지만(33절), 개의치 않는다. 우리가 하나님에 대해 아는 모든 것을 가지고 하나님을 찬양해야 하고, 한편 우리가 이해하지 못하는 것이 있다고 해서 찬양을 회피하지 말아야 한다.

기도

33–36절로 하나님을 찬양하라. 한 달 동안 이 놀라운 구절로 기도를 시작해 보라.

Day 81

복음이 이끄는
생활

로마서 12장 1-2절

12장은 "그러므로"로 시작한다. 즉 바울이 지금까지 복음에 대해 말한 모든 것으로 말미암아 그리스도인의 삶을 요약한다.

내가 너희를 권하노니
로마서 12장 1-2절을 읽으라.

1. 우리에게 무엇을 하라고 권하나?(1절) 그것이 실제적으로 무엇을 의미한다고 생각하는가?

바울은 예배자가 성전에 제물을 가져오는 장면을 그린다. 그런데 여기서는 죄 사함을 위해 피 흘린 동물이 속죄제가 아니라, 예수님이 우리의 속죄제이다. 여기서 바울이 말하는 제물은 "온전한 번제"다. 그것은 가축 중에서 귀하고 흠이 없는 것이다. 그것은 가진 모든 것을 하나님의 처분에 맡기며, 남은 찌꺼기가 아니라 가장 좋은 것을 하나님께 드린다는 것을 보여 준다.

   2. 이렇게 사는 동기는 무엇인가?(1절)

   3. 1-11장에서 "하나님의 자비하심"을 어떻게 볼 수 있는가?

"영적"을 "논리적"으로 번역하는 것이 더 낫다. 하나님이 당신을 위해 하신 일을 똑바로 본다면, 당신이 가진 모든 것으로 하나님을 예배하는 것이 합리적일 것이다!

로마서 3장 21-26절, 5장 1-4절, 7장 24-25절, 9장 1-3절, 8장 14-17절을 읽으라.

이 구절들에서 어떻게 하나님의 자비하심을 보고 기뻐하며 감사한 마음으로 희생의 제물로 살고 싶어지는지 생각해 보라.

  ⊘ 적용
하나님의 처분에 온전히 맡기고 산 제물이 되는 것의 의미는 다음과 같다.

- 적극적으로는, 하나님이 삶의 어느 영역에서 무엇을 말씀하시든 순종하려 한다.
- 소극적으로는, 하나님이 삶의 어느 영역에 무엇을 보내시든 감사하려 한다.

적극적 제물과 소극적 제물 중 어떤 모습으로 살고 있는지 고민해 보라. 삶의 어떤 면에서 하나님께 가장 좋은 것을 드려 값을 치러야 할지 생각해 보라.

…하지 말고
4. 우리는 무엇을 하지 말아야 하는가? 그리고 무엇을 해야 하는가?(2절)

본받음과 변화는 다르다. 전자는 주변 환경의 영향을 받는 것이고, 후자는 내면이 먼저 변화되어 외부까지 변화되는 것이다.

◎ 적용
어떤 면에서 세상의 관점과 기대를 본받기를 멈춰야 할지 생각해 보라. 내면이 새로워지고 변화되기를 기도하라.

기도
하나님의 자비로우심에 감사하라. 적용 부분에서 당신이 대답한 것을 붙들고 기도하라.

Day 82

은사에 대한
생각

로마서 12장 3-8절

마음을 새롭게 함(12:2)은 자신이나 하나님의 백성 중에서 자신의 자리를 올바로 보는 것을 포함한다.

자신에 대한 관점
로마서 12장 3절을 읽으라.

1. 자신을 어떻게 생각하지 말아야 하나? 반대로 자신을 어떻게 생각해야 하나?

자신을 어떻게 생각하느냐에 있어서 가장 위험한 것은 낮은 자존감이 아니라 자기중심성과 교만이다. 그래서 바울은 "취하지 말고 깨어" 있으라고 한다(한글성경에는 "지혜롭게"). 즉 술 취한 사람처럼 터무니없는 자신감이나 심한 절망에 빠지지 말고, 철저하고 정확하기를 권면한다. 자신을 과대평가하지도 말고, 자기 능력을 너무 경시하지도 말아야 한다.

2. 당신은 자신을 과대평가하는 경향이 있는가, 아니면 너무 경시하는 경향이 있는가?

"하나님께서 각 사람에게 주신 믿음의 분량대로"는 이상한 구절이다. 필시 이런 의미일 것이다. "너희 모두가 그리스도를 믿는 구원의 믿음을 받았으니 그것에 따라 자신을 평가하라." 우리는 모두 오직 믿음으로 구원받는다. 그것을 알 때 우리는 겸손해진다. 그리고 또한 우리는 소중한 존재이다. 그리고 복음 앞에서 우리는 동등하다.

은사에 대한 관점
그러나 우리는 모두 다르다.

로마서 12장 4-8절을 읽으라.

3. 그리스도인은 어떻게 서로 구별되는가?(4-6a절)

⊙ 적용
은사를 깨닫는 방법을 살펴보자.

- 자기 성찰의 시간을 가지라. 당신은 어떤 사역을 하기를 좋아하는가? 당신은 어떤 문제를 잘 포착하고 그 일에 대한 부담감을 갖는가? 당신은 무엇을 잘하는가?
- 자신을 "건전하게 판단"(지혜롭게 생각)해 보고, 그것이 다른 사람들의 의견과 일치하는지 물어보라.
- 경험해 보라. 일반적으로, 사역을 해 보기 전에는 은사를 알 수 없다. 사역을 해 보면서 자신의 은사를 깨닫는다. 그러니 당신이 어떤 면에 은사가 있는 것 같으면,

그것을 해 보면서 경험으로 알라.

- 성경에 있는 은사들을 공부하라. 6-8절에 영적 은사들이 있다. 고린도전서 12장 28절과 에베소서 4장 11절에도 은사가 있다. 이런 목록 없이는 당신의 은사를 분별하기 어렵다. 그래서 바울이 은사들을 나열한 것 같다.

로마서 12장 6-8절의 은사들을 살펴보라(여기서 예언은 설교, 혹은 기독교 교리에 맞는 메시지를 말하는 것 같다).

4. 당신의 은사는 무엇인가? 당신은 지금 그 은사들을 어떻게 사용하고 있는가? 앞으로 어떻게 사용할 수 있을까?

기도

당신이 받은 믿음과 은사에 대해 감사하라. 자신을 올바로 보게 해 달라고 간구하고, 은사를 분별하여 섬기는 데 사용할 기회를 달라고 간구하라.

Romans

사람
사랑하기

로마서 12장 9-21절

복음의 중심은 하나님이 우리를 사랑하신다는 사실이다. 그래서 우리의 삶도 하나님을 사랑하고 사람들을 사랑해야 한다. 짧고 알찬 이 본문에서는 어떻게 사람들을 사랑할지 알려 준다.

그리스도인 사랑하기
로마서 12장 9-16절을 읽으라.

"거짓이 없다"(9절)는 위선적이지 않고 진실하다는 의미다. 겉으로 공손히 행동하고 도와 주고 따뜻하면서 속으로는 싫어하면 안 된다. 교회에 "겉으로만 친절한" 문화가 생길 수 있다. 표면적으로는 잘해 주지만, 험담, 교만의 영이 도사릴 수 있다.

   1. 왜 사람들을 사랑하는 것이 악을 미워하는(9절) 것이라고 생각하는가?

2. 사랑하면 반대 의견을 절대 말하지 않아야 한다고 생각하면 어떻게 되는가?

진정한 사랑은 과감하고 용기를 준다. 진실을 말해 주지 않는다면, 사랑하지 않는 것이다. 그것은 단지 상대방이 나를 좋아해 주기만 바라는 것과 같다. 진정한 사랑은 설령 친구를 잃을 수 있더라도 옳은 말을 한다.
14절에서 바울이 "너희를 박해하는 자를 박해하지 말라"고 할 수도 있었다.

3. 그러나 바울은 뭐라고 말하나? 이것이 당신에게 도전이 되는가?

원수 사랑하기
로마서 12장 17-21절을 읽으라.

20절 끝부분은 회개의 모습이다.

4. 무엇을 해야 하는가?(18, 20절)

5. 무엇을 하지 말아야 하는가?(19절)

원한을 품거나 복수하는 것은 하나님의 재판장 역할을 자신이 대신하는 것이다. 하나님만이 재판장이시고, 하나님만이 모든 것을 다 아시므로 올바로 판단하실 수 있다. 그리고 예수님이 우리를 대신하여 하나님의 심판을 받으셨다. 바울은 말한다. "네가 누구에게 화났을 때, 만일 그 사람이 언젠가 회개하면 예수님이 그 사람의 심판을 대신 받으실 것이다. 만일 그들이 회개하지 않으면, 하나님이 공정히 다루실 것이다. 두 가지 경우 모두 네가 낄 자리는 없다."

⊘ 적용

아래의 항목들을 보면서 자신을 살펴보라. 스스로 질문해 보라. 가장 약한 두 가지는 무엇인가? 아래 네모칸에 체크해 보라. 그 약점 두 가지를 내 생활 속의 어느 부분에서 시험해 보아야 할까? 그 두 가지 약점을 보완하려면 실제적으로 어떻게 해야 할까?

- ☐ 좋아하지 않는 사람들도 진실하게 사랑해야 한다(9절).
- ☐ 악을 지적하고 맞서려 해야 한다(9절).
- ☐ 오랜 세월 한결 같이 무슨 일이 있더라도 사랑해야 한다(10-12절).
- ☐ 집, 돈, 시간을 풍성히 나눠야 한다(13절).
- ☐ 원망이나 원한을 품지 말고, 당신에게 잘못한 사람도 적극적으로 축복해야 한다 (14절).
- ☐ 다른 사람들의 희로애락에 동참해야 한다(15절).
- ☐ 겸손해야 한다. 그리고 나와 다른 사람들과도 어울려야 한다(16절).
- ☐ 어려운 관계를 화목하게 하고, 나에게 잘못한 사람에게 복수하지 말아야 한다(18-21절).

그리스도인과
통치자

로마서 13장 1-7절

이제 바울은 그리스도인과 국가의 관계로 넘어간다. 이것은 우리 모두의 일상에 실제적으로 관련된다.

순종의 범위

로마서 13장 1-7절을 읽으라.

1. 모든 그리스도인은 무엇을 해야 하나?(1, 7절)

2. 바울은 무슨 이유를 들었는가?
   • 1절:

- 3절 끝:

- 5절(두 가지 이유):

3. 하나님이 국가 권력을 세우신 이유는 무엇인가?(4절)

많은 사람들은 벌을 받지 않으려고 국가에 순종한다. 그러므로 만일 처벌이 없다면 달라질 것이다. 그러나 그리스도인은 달라야 한다. 이것은 두려워서만 아니라, 양심의 문제다.

◎ 적용
나라의 법을 어겨도 처벌받지 않는 예가 있는가? 그때 우리가 두려워서 지키는지, 아니면 양심 때문에 지키는지 알 수 있다. 하나님이 당신 위에 세우신 권위에 대한 불순종을 멈추고 순복해야 한다. 이를 위해 어떤 노력이 필요한가 생각해 보라.

순종의 한계
다니엘 3장 1-18절, 누가복음 20장 20-25절, 사도행전 5장 27-33절을 읽으라.

4. 이 구절들을 보니 그리스도인과 국가의 관계는 어때야 하는가?

로마서 13장에서 바울은 그리스도인이 순복해야 한다고 말한다. 그것은 그 당시의 비기독교적인 정부에 순복하라는 말이었다. 하나님의 말씀에 불순종하는 당국이라 하더라도 말이다. 하나님께 불순종하도록 지원하는 정부라도 그리스도인은 그 정부를 허물어뜨리지 말아야 한다.

그러나 이 구절들에서 바울이 절대적 규칙을 제시하는 것이 아니다. 단지 "그들(당국자들)이 하나님의 일꾼"이라고 말한다(6절). 그러므로 당국에 대한 순종이 하나님께 대한 순종을 앞서지 않는다. 따라서 당국이 하나님께 불순종하라고 할 때 용감하게, 그러나 예의바르게 불순종하고 반대하는 것이 옳다. 사드락, 메삭, 아벳느고가 그랬고(단 3:1-18), 사도들이 그랬다(행 5:27-33).

만일 하나님이 금하시는 것을 지원하는 국가라 해도, 우리는 국가에 순복한다. 그러나 만일 국가가 하나님이 금하신 것을 하라고 명령하거나 하나님이 명령하신 것을 하지 말라고 하면, 시민 불복종을 행하는 것이 그리스도인의 임무다.

기도

하나님이 택하사 세워 주신 지도자들에 대해 하나님께 감사하라. 지혜롭게 리더에게 순종하게 해 달라고 기도하라. 대가 지불이 필요한 복잡한 결정을 매일 해야만 하는 힘든 나라에 사는 그리스도인들을 위해 기도하라.

Day 85

우리의 구원이
가까웠음이라

로마서 13장 8-14절

바울은 다른 그리스도인과의 관계, 원수와의 관계, 국가와의 관계를 자세히 다룬 후, 이제 그리스도인이 사회 속에서, 역사 속에서 어떻게 살아야 하는지 살펴본다.

유일하게 좋은 빚
로마서 13장 8-10절을 읽으라.

본문을 매우 개인적으로 해석하기 쉽다. 그러나 7절에서는 모든 자에게 줄 것을 주라고 하면서 조세와 존경에 대해 말한다. 8절에서도 모든 사람에게 줄 것을 주라고 하면서, 함께 사는 이웃, 시민들에 대해 말한다. 성경은 하나님의 백성은 세상처럼 되지 않으면서도, 세상 안에서 살며 세상에 기여해야 하고, 세상과 동떨어져 살지 말아야 한다고 말한다. 참고로 예레미야 29장 4-7절을 읽으라. 그것은 이교 도시에 유배되어 사는 하나님의 백성에게 주는 메시지다.

1. 우리가 해야 할 일은 무엇이고 왜 해야 하는가?(롬 13:8)

2. 사랑은 무엇을 하지 않는가?(10절)

실생활 속에서는 그렇게 보이지 않을 때가 많다. 당장 눈앞의 일만 생각하면 하나님의 율법을 지키는 게 아니라 어겨야 더 사랑할 수 있을 것만 같다. 예를 들어, 우리는 진실을 말하면 상처를 줄 것 같아서 거짓말을 한다. 그러나 바울은 우리가 하나님보다 지혜롭지 않다고 말한다. 그러므로 율법을 지키는 것이 사랑이다. 그러나 흔히 우리는 "귀에 듣기 좋은" 말을 하는 게 "사랑하는" 것이라고 생각한다.

◇ 적용
당신이 생각하는 사랑의 행동이 아니라, 하나님이 말씀하시는 사랑의 행동을 하기 위해 어떤 노력을 해야 할지 생각해 보라.

낮이 가까웠으니
로마서 13장 11-14절을 읽으라.

3. "이 시기"(현재의 때)를 이해하면, 무엇을 알게 될 것인가?(11절)

4. 바울이 그 사실을 알기 때문에 권면하는 것은 무엇인가?(12절)

5. 그 의미는

- 무엇을 하지 말아야 한다는 것인가?(13절)

- 무엇을 해야 한다는 것인가?(14절)

우리는 "낮에와 같이" 행해야 한다. 상상해 보자. 날이 밝았고, 최후의 구원의 날이 이르렀고, 예수님이 바로 우리 앞에 계신다고 하고, 스스로 질문해 보자. "이제 나는 어떻게 행동해야 하지? 영원히 중요한 것은 뭐지? 무엇이 영원하지?" 또는 이렇게 말할 수 있을 것이다. "이제 나는 법적으로 그리스도로 옷 입은 그리스도인인데 내가 입은 옷을 잘 나타내려면 어떻게 살아야 할까?"(14절)

⊘ 적용

"낮이 가까웠다"는 것을 기억하며 오늘 하루를 다르게 살라. 어떤 죄악된 욕망을 생각하지 않기가 가장 어려운가? 어떻게 그 순간에 주 예수 그리스도를 대신 생각할 수 있을까? 최후 구원의 날이 어제보다 오늘 하루 더 가까워졌다는 사실에 기뻐하라.

Day 86

논의의 여지가 있고
불확실한 사안

로마서 14장 1-23절

로마서 1-5장은 복음을 이해하는 일을 돕는다. 6-8장은 복음을 경험하게 해 준다. 12-13장은 복음을 사랑으로 실행하게 해 준다. 이제 14장에서 바울은 복음을 특정한 사안에 적용한다.

기본 원칙

로마서 14장 1-23절을 읽으라.

1. 원칙은 무엇인가?(1절)

2. 어떤 "논의의 여지가 있고 불확실한 사안"(개역개정에서는 "의견")이 로마 교회에 문제를 일으키고 있었나?

- 2-3절:

- 5절:

- 21절:

"믿음이 연약한"(1절) 그리스도인은 의심에 빠진 그리스도인이 아니라, 복음의 초점을 놓친 그리스도인이다. 복음의 초점은 우리가 뭘 하거나 하지 않아서 하나님이 받아 주시는 것이 아니라 우리가 그리스도 안에 있기 때문에 받아 주신다는 것이다. "믿음이 연약한" 그리스도인은 그리스도를 굳게 믿고 그리스도를 기쁘시게 하려고 열심인 사람일 수 있다. 다만 그들의 약점은 오직 은혜로 의롭다 하시는 복음을 삶의 모든 면에 적용하지 못하는 것이다. 그런 의미로 강한 그리스도인은 삶의 어떤 면에서 어떻게 살고 예배할지 자유롭게 선택할 수 있다는 것을 아는 그리스도인이다. 예를 들어, 음주나 교회 음악의 선택에 있어서 그렇다.

3. 왜 강한 그리스도인과 연약한 그리스도인은 서로 정 죄하지 말아야 할까?

- 3-4절:

- 9-10절:

연약한 자에게 주는 조언

3절에서 "연약한 자"가 "강한 자"를 판단하고 정죄하는 경 향이 있다. 연약한 자는 강한 자가 하나님이 기뻐하시지 않는 일을 한다고 비난하면서 그것이 그리스도인이 자유 롭게 선택할 수 있는 영역인지 아닌지 심사숙고하지 않는 경향이 있다. 그래서 바울이 "연약한 자"에게 두 가지를 말 한다. 첫째로, 로마의 연약한 그리스도인은 고기를 먹는 것이 잘못이라고 생각했다.

4. 바울은 그것에 대해 무엇을 말하는가?(14a절) 바울은 연약한 그리스도인의 의견에 대해 어떻게 답하는 가?

바울은 그들의 견해가 성경적이지 않다고 단도직입적으로 말한다! 다른 그리스도인이 "잘못되었다고" 정죄하려는 유혹을 받을 때, 먼저 질문해 보아야 한다. "성경은 뭐라고 말하나? 그들이 아니라, 내가 틀린 것은 아닐까?"

5. 둘째로, 무엇을 "비판하지" 말아야 할까?(1절)

연약한 그리스도인은 원칙적 문제(즉 하나님이 뚜렷이 금하거나 명령하신 것)과 개인의 취향이나 그리스도인 사이의 광범위하게 의견이 다른 문제를 구별할 줄 알아야한다. 우리는 질문해야 한다. "성경이 이 사안에 자유를 주는가? 이것이 논의의 여지가 있는 불확실한 사안인데, 내가 모르는 건가?"

◇ 적용
교회나 문화 속에 어떤 "논의의 여지가 있고 불확실한 사안"이 있어서 그리스도인들이 서로 정죄하고 있는지 생각해 보라(그러나 모든 사안이 다 논의의 여지가 있고 불확실한 것은 아니다).

Romans

강한 자에게
주는 조언

로마서 14장 1-23절

앞서 바울이 연약한 그리스도인을 일깨웠고, 강한 그리스도인의 의견이 더 성경적이라고 말했다(14절). 그러면서도 이제 바울은 연약한 자보다 강한 자를 더 비판한다!

당신이 옳지만...
로마서 14장 1-23절을 읽으라.

기억하라. "강한" 그리스도인은 복음의 핵심을 파악한 사람이다. 그는 규칙을 지켜서가 아니라, 그리스도 안에 있기 때문에 하나님이 받으신다는 것을 안다. 그리고 성경에서 뚜렷이 명령하는 것과 양심의 문제, 즉 "논의의 여지가 있고 불확실한 사안"(1절)의 차이를 안다.

1. "모든 것을 먹는" 그리스도인은 연약한 형제자매를 어떻게 보는 경향이 있는가?(3절)

강한 자가 하는 행동이 하나님이 금하신 것이 아닌데 왜 하지 말아야 할까? 문제는 연약한 그리스도인이지, 강한 그리스도인이 아니다. 강한 그리스도인은 옳고, 문제를 제기하는 연약한 그리스도인보다 분명히 더 지혜롭고 성숙하다.

그러나 조심하라

2. 강한 그리스도인의 문제는 무엇인가?(15절)

3. 15절 마지막은 강한 그리스도인에게 어떤 경고를 하는가?

만일 강한 그리스도인의 행동을 연약한 그리스도인이 따라하면서 양심을 어기게 된다면, 연약한 그리스도인이 죄를 짓게 된다(23절). 하나님께 신실하기보다 사람들에게 맞추거나 자신이 좋아하는 대로 하는 것이기 때문이다. 그러면 그들은 죄책감을 가질 것이고, 그 죄책감을 무시하다보면 다음에는 정말 잘못을 저지르도록 무방비한 상태가 될 것이다. 그렇게 된다면, 강한 그리스도인이 해도 되는 행동을 했더라도 연약한 그리스도인을 "망하게" 한 것이다. 바울은 그리스도가 그 연약한 그리스도인들을 위해 죽으셨다고 말한다(15절). 그리스도가 그들을 지극 정성으로 돌보셨으니 다른 그리스도인들도 그래야 한다.

4. 바울은 17-18절에서 무엇을 말하는가? 우리가 그리스도인으로서 어떻게 살지 선택할 때 무엇이 우선순위가 되어야 하는가?

5. 다른 그리스도인이 잘못이나 문제라고 보는 행동을
   계속 하려는 유혹을 받는 그리스도인에게 20절에서
   어떤 조언을 하는가?

⊘ 적용

당신의 (옳은) 행동이 다른 그리스도인에게 어떤 영향을 미
치는지 생각해 보라. 연약한 신자를 돕고 격려하기 위해
당신이 중지할 수 있고 중지해야 하는 것이 있다면 실행하
라. 다른 사람을 위해 당신의 자유를 제한할 필요가 있음
을 인정하고 결단하라. 양심의 문제, 즉 논의의 여지가 있
고 불확실한 사안인데도 다른 그리스도인을 정죄하고 있
다면 회개하라.

기도

자신의 약점이나 강점을 볼 수 있으려면 매우 지혜로워야 한다. 당
신의 믿음이 연약하여 남을 정죄하고 있거나 당신이 믿음이 강하지
만 남들에게 걸림돌이 되고 있는 부분을 보게 해 달라고 기도하라.
바울의 말로 어떤 도전을 받았는지 구체적으로 고백하라.

305

Day 88

연합된
삶

로마서 15장 1-13절

마지막 두 장에서 바울은 계속해서 복음을 교회에 적용하면서, 연합과 사명에 초점을 맞춘다.

다른 사람을 위해 살기
로마서 15장 1-4을 읽으라.

1. 바울이 제시하는 두 가지 원칙을 적어 보라.

- 1절:

- 2절:

이것은 우리의 "이웃"에 대한 것이다(2절). 즉 교회 가족만 아니라, 모든 사람에 대한 것이다.

2. 그렇게 살 때 우리는 누구의 모범을 따르는 것인
가?(3절)

바울이 구약을 인용해 말하면서 성경에 대해 짧지만 의미
심장한 말을 한다.

3. 왜 성경의 모든 부분이 기록되었는가?(4절)

그것은 성경이 오늘날에 완전히 적용된다는 것을 의미한
다. 성경의 모든 부분이 우리를 위해 디자인되어 우리를
위한 교훈과 적용 사항을 담고 있다. 즉 성경의 중심은 그
리스도다(바울은 시편 69편을 인용하여 그리스도께 적용한다. 모든 성경
은 그리스도에 대한 것이기 때문이다—눅 24:27 참조). 그리고 성경은
소망을 더 품게 한다. 우리가 성경에 귀 기울일 때, 시련이
나 징계도 견딜 수 있고, 귀한 약속으로 용기를 얻는다.

◎ 적용
여기서 그리스도인의 삶에 대한 전반적 원칙은 우리가 가
진 힘(재정적, 사회적 힘, 혹은 명성이나 확신)을 그것을 갖지 못한
사람들을 세우고 그들에게 유익을 끼치도록 사용해야 한
다는 것이다. 이 원칙을 여러 면에서 적용해 보자.

- 재정 면에서:

- 교회 리더로서:

- 관계 면에서:

- 살 지역을 선택하는 면에서:

4. 당신은 지금 2절에 어떻게 순종하고 있는가?

5. 어떻게 하면 새로이, 혹은 더욱 더 그렇게 할 수 있는가? 어떻게 3절로 동기 부여
   가 되는가?

다른 사람과 함께 살기
로마서 15장 5-13절을 읽으라.

6. 바울은 이 교회에게 어떻게 하여 주시기를 기도하는가?(5절)

7. 그 "연합"을 어떻게 실행할 수 있나?(7절)

여기서 그리스도인의 진정한 연합이 무엇인지 배운다.

- 연합은 영적 은사다. 다른 어떤 방법으로 연합을 이룰 수 없다. 하나님이 연합시켜 주셔야 한다.
- 연합은 제자도로부터 생긴다. 연합은 그리스도를 따를 때의 부산물이다(5절). 직접 연합을 추구해서 연합되지 않는다.
- 연합은 함께 예배할 때 일어난다. "한 입"(6절)은 공동 예배를 의미하는 것 같다.
- 연합의 기반은 그리스도가 우리를 의롭다 하신 것이다(7절). 흠이 있는 우리라도 하나님이 받으신다는 것을 깨달을 때, 우리도 다른 사람들을 포용하게 된다.
- 연합은 하나님의 위대한 계획이다. 유대인과 이방인이 복음으로 하나 되어 하나님을 찬양하게 된다(8-12절).

Day 89

사명을 수행하는
삶

로마서 15장 14-24절

바울은 수많은 사람들에게 복음을 전하는 데 삶을 바쳤다. 왜 그렇게 했는가? 또 어떻게 했는가? 바울의 모범이 오늘날 우리의 전도에 어떻게 도움을 주는가?

바울의 동기
로마서 15장 14-24절을 읽으라.

   1. 바울이 전도할 때 배후의 동기는 무엇인가?(16-17절)

바울은 전도를 "제사장 직분"이라고 한다(16절). 구약에서 제사장의 직분은 제물을 바치는 것이었다. 그러므로 바울은 전도가 자신을 산 제사로 드리는 것이라고 말한다(롬 12:1). 그것은 하나님께 찬양과 감사를 드리는 한 방법이고, 예수님이 베풀어 주신 모든 것에 응답하여 제물이 되는 것이다.

바울의 목적

2. 바울이 전도하는 목적은 무엇인가?(18절)

바울은 시작했던 곳으로 돌아간다. 그것은 이방인을 불러 믿어 "순종하게" 하는 사명이었다. 바울이 추구하는 것은 그들이 단지 어떤 종류의 회심을 하는 것에 그치지 않고 삶이 완전히 변화되는 것이었다.

바울의 수단

3. 바울이 전도하는 수단은 무엇인가?(18절 끝)

우리는 복음을 사람들에게 말할 뿐 아니라, 태도와 관계로 나타내야 한다. 사람들이 우리를 깊이 들여다보게 초청하여 복음으로 달라진 인간의 삶이 어떤지 보여 주어야 한다.
　바울은 "표적과 기사의 능력"에 대해 말한다(19절). 그것이 그의 메시지에 수반되었다. 고린도후서 12장 12절을 읽으라. 거기서 바울은 그런 것들이 "사도의 표"라고 말한다. 그러므로 물론 오늘날에도 기적이 일어날 수 있지만, 우리는 기적이 일어날 것이라고 기대하거나 (요구하지) 말아야 한다. 우리는 강력한 기적이 아니라, 변화되어 순종하는 삶으로 증거해야 한다.

바울의 전략

마지막으로, 우리는 바울의 전도 전략을 본다. 바울은 선구자였고, "그리스도의 이름을 부르는 곳에는 복음을 전하지 않기를 힘썼"다(롬 15:20). 또 바울은 도시에 사역했다. 예루살렘부터 일루리곤까지 바울의 여정을 따라가 보면(19절) 도시에서 전파하고 개척한 후 다른 곳으로 이동했고, 도시 주변 지역에는 다른 사람들이 메시지를 전달하게 했다.

⊘ 적용

바울은 사도, 전도자로서 특별한 은사가 있었다. 그것은 표적과 기사의 능력이었다. 그러나 우리는 그것을 공유하지 않는다. 그리고 바울의 특별한 부르심은 도시 교회 개척이었다. 그것은 우리가 공유할 수도 있고 공유하지 않을 수도 있다. 우리는 여전히 바울의 모범에서 많이 배울 수 있다.

당신은 사람들에게 복음을 나누려는 동기 부여가 되었는가? 이번 주에 누구에게 예수님의 복음을 나눌 것인지 생각하라. 사람들에게 예수님을 전할 때, 회심은 삶의 완전한 변화라고 분명히 말해 주는가? 만일 그렇지 않다면, 그 부분을 빠뜨리지 않도록 주의하라. 이를 위하여 당신의 행동과 말은 일치해야 한다. 이를 위하여 변화되기를 기도하라.

하나님께
영광

로마서 15장 25절 - 16장 27절

이제 바울은 이 놀라운 서신서를 마치며 실제적이고, 기도가 충만하고, 개인적이고, 찬양이 충만하다.

실제적이다
로마서 15장 25-29절을 읽으라.

바울이 사명("영적으로 돕는 것" 15-22절)에 대해 말하고 나서, 이제 다른 그리스도인들을 "사회적으로 돕는 것"에 대해 말한다. 그것은 의무(해야만 하는 것, 27절)이다. 그러나 그것은 또한 즐거워야 한다("기뻐서" 해야 한다).

    어떻게 이 의무를 즐겁게 할 수 있을까? 복음을 통해 영적 축복을 받은 것을 기억함으로써 남에게 물질적 축복을 베풀어 그리스도를 기쁘시게 해야 한다(고후 8:8-9 참조). 이 경우에 이방인 교회들은 그들을 영적으로 도와준 사람들, 즉 복음을 전해준 예루살렘 교회(롬 15:27)를 물질적으로 도울 수 있었다.

기도가 충만하다

로마서 15장 30-33절을 읽으라.

1. 어떻게 로마 교회가 바울을 지원할 수 있나?(30절)

개인적이다

로마서 16장 1-24절을 읽으라.

2. 1-16절에서 바울은 다양한 사람들의 무엇을 칭찬하는가?

3. 본문을 통해 초대교회에 대해 무엇을 알 수 있나?

찬양이 충만하다

로마서 16장 25-27절을 읽으라.

4. 바울이 편지를 마치며 무엇에 대해 하나님을 찬양하는가?

5. 이 편지를 이러한 찬양으로 마치는 것이 왜 적절한가?

⊘ 적용

당신은 다음 사항들을 어떻게 하고 있는가, 혹은 어떻게 할 수 있을지 적어 보라.

- 다른 그리스도인들을 실제적으로 돕는 것:

- 위험한 지역의 복음 사역자들을 위해 기도하는 것:

- 바울이 로마 교회에 언급한 사람들처럼 사는 것(당신에게 놀라움과 도전을 안겨준 두 사람을 선택해 보라):

- 그리스도의 복음을 믿게 해 주신 것에 대해 하나님을 늘 찬양하는 것:

이제 로마서를 마치며 잠시 로마서 전체를 묵상해 보라.

6. 특히 감동적이었던 것은 무엇인가?

7. 당신에게 도전을 주거나 당신을 변화시킨 것은 무엇인가?

8. 어떤 질문이나 쟁점을 계속 생각할 필요가 있는가?

기도

하나님을 찬양하고 영광을 돌리라! 로마서에서 특히 와닿은 구절들을 가지고 지속적으로 기도하라.

로마서를 통해
받은 은혜

로마서를 통해
받은 은혜

로마서를 통해
받은 은혜

90Days in
Galatians,
Judges
& Romans